高橋信次

心の発見

現証篇

苦悩は自からの心と行いがつくり出している

高橋信次

高橋信次 著作集「心と人間シリーズ」新装版発刊に寄せて

父高橋信次が旅立ってから、四〇年近くの時が流れ、世相も社会の状況も大きく様変わりしました。

当時、希望に満ちた右肩上がりの高度成長期を歩んでいたわが国は、今、積み残してきた負の遺産によって、経済力は翳(かげ)り、国力の低下という厳しい現実の中にあります。さらには世界史上かつてなかった超高齢化社会の到来をはじめ、様々な難問に直面しています。

しかし、物質的な豊かさを飽くなく追求していた時代の中で、高橋信次が「心の復興」「魂の発見」を訴えたその意義は、現在も少しも変わることなく生き続けていると思わずにはいられません。

なぜなら、グローバリズムの名の下に、あらゆるものごとが経済的な価値尺度によって一元的に計られている現実は、かつて以上に、人々の目を数字や目に見えるものだけに釘づけにして、根深く唯物主義、拝金主義の流れを強めていると思えるからです。

人はみな永遠の生命を抱く魂の存在——。この現象界に生まれ落ちた魂たちは、誰もが環境、教育、思想、習慣という人生の条件を引き受けて、それぞれの道を歩む。そしてその経験を通じて心の歪みを正し、人生の目的と使命に目覚めて、それを果たそうとする。現象界は、魂の修行所である——。

高橋信次が示した、この人間観・人生観は、私たち人間の本質が内なる魂にあり、その経験と成長こそ、人生の意義であることを教えています。

生まれる時代、国と地域、肌の色、民族、性別……。私たち人間に様々なあつれきをもたらしてきたそれらの違いの基に、魂という変わらぬ本質が息づいている。魂という次元こそ、それらの違いを、この世界を生きる人生の条件として、根本的に相対化し得るものではないでしょうか。

いかなる人生の条件を引き受けようと、魂の尊厳は変わることなく輝き、それぞれのかけがえのない人生の目的と使命を果たすことができる。そして、それだけの力を抱いているのが一人ひとりの人間なのです。

一九七六年、私との魂の邂逅を果たしてから、父はますます神理を求める想いを研ぎ澄ましていました。「督促状が来ているんだ。もう還らなければならない」。そう言いながら、それまで以上に一途に歩み続けたのです。

医師からはとても無理だと止められながら、それを押して赴いた東北での最後のセミナー——。

「佳子、ぼくは行ってくるからね」

ほほえみながらそう言って出かけていった父の顔を忘れたことはありません。

神理のこと、魂のことを一人でも多くの人々に伝えることができて、それを生きてもらえるなら、命に代えても少しも惜しくはない——。そんな覚悟のすがたでした。

そしてその晩年の父がいつも語っていたのは、人間の心が本当に変わることの素晴らしさ——。数え切れないほどの奇跡の現象を現した父でしたが、父の心にあったのは、その一つのことでした。

「本当の奇跡っていうのは、人間の心が変わることなんだ。それを忘れちゃいけないよ……」

それは、私にとって、何よりも守らなければならない、父からのバトンであり続けています。

人間は永遠の生命を抱く魂の存在——。

では、私たちが、魂としての人生を生きるためにはどうすればいいのか——。そのための道を同志の皆さんと一緒に築いてきたことは、その約束に応える歩みであったと思っています。

今、ＧＬＡをはじめ、私の周囲には、神理を学ぶだけではなく、それを実践して新たな現実を生み出す人々があふれています。

故あって心に傷や歪みを抱えた人々が、生まれ変わったようにそこから自由になって新しい人生を生き始める。試練に呑み込まれ、身動きが取れなくなっていた人々が、「試練は呼びかけ」と受けとめて、新しい次元に踏み出してゆく——。

このような現実こそ、父が何よりも願っていた現実であり、思い描いていた未来であったと私は確信しています。

高橋信次が開いた「魂の道」は、今も現在進行形で続いているのです。

この新装版となった「心と人間シリーズ」を手に取られた読者の皆様が、その「魂の道」を継ぐお一人となることを、父はどれほど待ち望んでいるでしょう。それぞれの人生において、それぞれの生きる場所で、ぜひ、その一歩を踏み出してくださることを願ってやみません。

二〇一三年　六月

高橋佳子

●目次

第一章　目覚めへの道程

故郷の山河――少年時代の思い出

上野駅は、東北や北陸地方からくる人々の、東京の北の玄関口である。ある者にとっては希望への第一歩の入口であり、またある者にとっては悲しみへの玄関口でもあろうが、上野の駅には、誰にも親しまれる庶民的な雰囲気がある。

つまり、私達に望郷の念を抱かせる、そこは懐かしい駅なのだ。

私も、田舎に帰るときは、ここから列車に乗る。ある日私は、いつものように特急〝あさま号〟の人となった。

生まれてこの方、四十数年間、会社の仕事や帰省の旅で往復するたびに通る上野駅――。旅立ちはここから始まる。

列車は、線路の上をすべるようにビルや住宅街をあとに、やがて荒川の鉄橋を渡り、鋳物造りの町・川口を過ぎて行く。

沿線も、年々その風景を変え、住宅街の密集が自然にとって代わっている。

大宮を過ぎる頃から、武蔵野の自然が視野に入ってきて、なぜか安堵の吐息が出る。しかしこの自然も、やがては工業団地などによって破壊されてしまう日も遠くないのだろう。

緑の大地、汚れのない大気は、私達の生活のなかにいつまでも調和されてあって欲しいものだ。土を失うということは、心の情緒まで失ってしまうことになるからだ。

文明とは何なのか、と私は、都会と自然などについて車窓で考えていた。

——文明の発達が、心を失わせてしまう。人々は心の拠りどころを求めているのだが、物質経済の方向は、むしろ心の安らぎを失わせて逆行している。私達は、今は物質的には満たされているが、それでいながら常に心中満たされないものをひそませている。それは限りない欲望のせいでもあるだろうし、物質のみでは所詮すべては満たされない、ということでもあるのだろう。

素朴な自然の姿を誰も求めてはいるが、文明の発達が人々の善なる心まで奪い去ってしまうのかも知れない。文明に追いつくための生活環境や学問の必要性など、挙げればきりのない物質至上主義的風潮は、心の存在などふり向きもしないというのが現実であり、人間の生まれてきた目的や使命など、もはや考えることもできないような社会の状態である。こうしたなかに、混乱した世相が生じてくるのではなかろうか――。

高崎を過ぎる頃になると、上信越の山脈が眼に入ってくる。故郷の自然が近づいてくる。緑に包まれたトンネルをいくつか抜けると、山峡から視界が展けてくる。国際的な避暑地で知られる軽井沢の町である。

海抜千米（メートル）を超える山間の町で、その冷気は肌身にしみるほど空気が澄んでいる。やがて、落葉松や白樺の林、浅間山の噴煙を右に見ながら行くと、浅間の裾野が小諸の方面に広々と伸びて展がる。

佐久高原の北方を飾る山々の威容、小諸は東京から入る信州路の表玄関である。

「小諸なる古城のほとり　雲白く　遊子悲しむ……」

島崎藤村の詩で有名な千曲川の清流は、その佐久高原の中央を流れ、山水の美は旅行く人々の心をひととき慰めてくれる。

私はここで列車を降りる。そして、小諸駅から車で三十分、そこが佐久平であり、私の故郷でもある。

南には切り立った八ヶ岳の連山が屏風のように佐久平を包み、西は前山の頭越しに日本アルプスの山脈が美しく南信と北信の境界をつくっている。

東には、戦国時代、武田勢を破って正月と戦勝を祝っている隙を、十六歳の少年武田信玄のひきいる三百の軍勢によって亡ぼされた平賀源心の居城が土台だけを残して、千古の老杉に囲まれている。

その城跡と並んで、雑木林のなかにひときわそびえている古い松の巨木がある。それは栄枯盛衰の歴史を秘めて、移り変わる佐久平の姿を望んでしっかりと根を張っている。

初夏の田植、秋の稲刈りと、私にとっても田園の仕事にいそしむことは、都会の塵から逃れる楽しみのひとときであった。

野良着に着替えた私は、地元の人々とともに、母なる大地を素足で踏みしめる。未だ冷たい田のなかに入ると、頭の上まで生きている自然がしみ込んでくる。

張られた糸にそって植えられて行く苗は、規則正しい緑の列をなしてゆく。

若葉の苗よ、母なる大地に抱かれよ、思う存分太陽の光を受けよ。そんな秋の収穫を祈る心のうちに、水田は一面に青々とした苗の波と変わってゆくのである。

疲れると、一人畔道の緑の絨毯に腰を下ろす。平和な高原の、美しい風物に心を同化しようと呼吸を整える。

学校帰りの小学生達が無造作なランドセル姿で、わざわざ畔道を三々五々歩いてくる。その騒ぎに驚いて、殿様蛙の恋人同士が水田のなかに慌てて飛び込んでゆく。のどかな、都会にはすでにない風景である。

ある子供は猫じゃらしの花を二つに割り、髭のように鼻下につけ、またある子供は笹の葉で舟をつくり、流れの早い小川に浮かべながら楽しげに家路を辿って行く。

自然のなかでのびのびと自由に飛びはねている子供の純真な姿は、私の少年時代と少しも変わってはいない。

眼を閉じると、自分の少年時代の思い出が、走馬灯のように瞼の裏を駆けめぐる——大正の末期から昭和にかけては、日本は平和から次第に軍国主義への道を辿り始めた頃であり、経済恐慌や不況に襲われ、多くの農民達の生活は非常にみじめなものであった。

ショウペンハウエルの浪漫的学問に侵されて、「人生は不可解なり」と華厳の滝に身を捨てた一学生の死が、人生への警鐘のように人々の胸にひびき渡ったのもこの頃のことであった。

私は、そうした時代に、貧乏人の子沢山で男三人女七人の真中に生まれた。両親は、大変に苦労をして十人の子供、私達兄妹を育ててくれたのであった。

兄や姉達は、苦学をしながら学校に行き、随分親孝行をしたようだ。しかし私は、比較的恵まれた育てられ方をした。

――十歳の九月であった。その私は原因不明の病気にかかり、幾度か、死線を超えるという不思議な体験をくり返していた――。

不思議な現象――ある病いのとき

その年、夏休みも終わり二学期の授業に入ったときであった。

私は、あまり勉強は好きではなかったが、毎夜八時になると、定期的に呼吸がとまり、心臓が停止して五体の自由を失ってしまうという奇妙な病気になり、学校にも満足に行けなくなってしまった。

母親は気違いのようになって、小さな私の身体を抱いて狼狽した。しかし私は、いつか〝もう一人の私〟となって肉体を脱け出し、その母と〝肉体の私〟の様子を見ているようになったのであった。その私は、自由自在な私であり、全くこれは奇妙な体験であった。

母に抱かれて薬を口移しにされている私の唇はぶどう色に変色し、肉体は硬直して口移しの薬も受けつけようともしない。

自由な私は、不自由な私を何とか手伝ってやりたいと思うが、どうすることもできない。母に、安心するようにと、そばで思い切った声で叫んでも通じない。

そのときの焦躁は、今思い出しても全く歯がゆいものであった。

肉体から飛び出した〝もう一人の私〟では、とうてい母の心に通ずることはできないからである。

父や他の兄妹達も、誰一人なすすべもなく泣きながらこの様子を眺めているのみであった。

そんな発作を、私が五回、十回と続けるようになると、医者の力では不可能と見てか、父は、〝千社詣り〟が良いと聞けば地元の神社は勿論、遠く群馬、埼玉の神社までお詣りに行き、鍼灸が良いといわれればすぐにそれを行なったものだ。

そのため、今でも私の頭は、鍼灸のため凸凹になっている。

だが〝もう一人の私〟は、家族の心配をよそに、美しい自然の生きている世界、この世では想像もできないような場所で自由に遊んでいるのであった。

不思議なことに、私はそこで、すでに亡くなっている人々と話をするし、親切な老人に手をとられて大きな建物のなかを見学するといったこともあった。そこには、日本の人々ばかりではなく、丁度（ちょうど）、オリンピックのように世界中の人々が生活しており、まことに不思議な世界であった。

一時間から二時間近く、〝もう一人の私〟は私から離れているが、離れている意識は、間違いなく新しい肉体を持った私自身であった。

この肉体は、壁を始めとするどんな障害物でも自由自在に自分の意志で通り抜けることができた。そして、いつもものとの肉体に戻るときには、何か強い薬草の匂いが鼻をつき、大きな呼吸とともに心臓が動き出して、一体になるとともに意識はよみがえるのであった。

私の周囲に坐って私を見守っている両親や兄妹達は、その様子を見るとほっと安堵し、私の顔を覗き込んで、

「大丈夫かい、もう心配はないよ」

と大粒の涙を流して喜ぶのであった。

原因の解からぬ、本当に信じられないこの病気は、こうして毎夜くり返されたのであった。

私は、このような現象に慣れるに従って、子供心にも科学する余裕が出てきたのか、死に対する恐怖が次第に薄れて行った。私は、父母兄妹にこう話したこともあった。

「お母さんの慌てているのも、名前を呼んでいるのも知っているが返事ができないんだ」

人間という動物は本当に不思議なもので、意識が身体から抜け出してしまうと、自分の五体も自由にはならない、ということを私は家族に語りたかったのである。

この病気も六ヵ月ほどで治ったが、父は私を、このことで特に可愛がり腫れ物にさわるようにして育てた。私は甘え過ぎて、自分のわがままを通すようになり、随分父を困

らせたものであった。

この病気を境に、私は、家の近くにあった権現様と呼ばれる村の小さな社にお詣りするようになって行った。

健康の祈願と、〃もう一人の私〃とは誰であろうか、という疑問を解くためであった。

私は、雨の日も雪の日も朝夕の参拝を続けた。そして境内の掃除を始めとして、神殿内部の拭き掃除をした。厳寒のときなど、手が凍りついてしまうこともあった。

いつの間にかこの社が自分の家のようになり、私は勉強道具を持ち込んで一人で勉強するようなこともあった。

二年過ぎ、三年過ぎた冬のある夕方、雪におおわれた神域に雪かきで通路をつくり、社殿のなかで祈っていると、突然、社のそばにある大きな杉の木から、白い塊りが大きな音をたてて、落ちてきた。

私は驚いてしまい、素足のまま社殿を飛び出し、息を切らして家に帰ると、

「お父さん、白い塊りが杉の木の上から落ちてきた。恐ろしくてお詣りができない」

といい、真青になって慄えていると、父は懐中電灯を持って私の手を引き、神社に行った。

「どこに落ちたのだ」

父は平気な顔で私をふり向いて、私の顔に光を当てた。そして杉の木の根本を指さすと、雪塊が雪の上に落下してくぼんだ跡をはっきりと示してから私を叱った。

「馬鹿者め、雪が落ちたのだ。男の子がこんなことで驚いて逃げ帰るようじゃ話にならん」

またあるときは、大風に飛ばされた案山子の衣が祈っている私の背にかぶさり、恐ろしい思いをしたこともあった。

何のことはない。良く見れば案山子の着物だが、一人で祈っている子供心には、小さなできごとでも恐怖を感じさせる神域だったのだ。

四年、五年間とお詣りは続いたが、神との対話は何の返事ももたらさなかった。

私は思った。一体、神とは何者だろうか。祈りとは何であろうか、と。

しかし、私の疑問は何一つ解決することなく時は過ぎ去って行った。

身体はすっかり丈夫になったが、子供心にも神の姿を見ることが祈りへの道であった。聞こえない。話せない。全く無言の歳月が流れていった。松風の音や、老杉を渡る風の音以外何の現象も起こらなかったのである。

私は、その頃の純真な子供心、偽りのない自分の姿を思い出す。そしてもう一人の自分を追い求め、探し求めた年月は三十年にも及ぶのである――。

追憶から浮かび上がった私のそばでは、さわがにが畔を横切ろうとしている。小川から水田に住居を移すのであろう。黒い二つの眼玉を押し立てて、それは走って行くように速い。

こんな小さなさわがにでさえ、生命を持ち自分の意志で生活をしているのだ、と私は思った。そして、死んでしまえば、五体の自由を失い、他の動物の餌になってしまうか、土に還って同化してしまうのである。

さらに、今植えられた苗も、自然の風雨に耐え、自らの力で成長をし、やがて黄金色の稲穂に実ってゆくのである。

私は今、その姿を想像しながら、人間というものは、この実るほどに頭を垂れる稲にも劣る、と思った。

自己保存の念のみが強く、社会的地位が得られると、他人や同僚を見下し、自分の頭を下げることをしないようになるからである。

なぜ人間は、この植物にすら劣るのか。

大自然は、人生の在り方について、道について教えているのに、人間は正しくものを見る眼に欠けているように思える。徒らに論理を追い、難しい哲学書のなかに道を求めることが真の道なのであろうか。私は、自然のなかでその誤りを痛切に感じるのであった。

すでに夕日は落ち、空は茜色に染まって、東の一本松の上には宵の明星が輝いている。いつか蛙の合唱が始まり一日が終わろうとしている。

私は、泥まみれになった重い足を引きずりながら、私の会社の宿舎に帰る。

一粒の米は、こうした労働によって得られるのだ、と思いながらである。労働という、血と汗との結晶によって、私達は一粒の米を得ることができる。そして、米という植物はまた、その生命を投げ出して、私達の血肉への供養となっているのである。

感謝の心、それが卒然として身内に湧いてくるのを私は痛切に感じた。

感謝することは、しかし報恩という行為があってこその意義もある。つまり報恩の心があれば、食物を粗末にしてはならないし、恵まれない人々への布施、という形にもなるであろうし、そうすることが大切といえる。

私は、従業員がつくってくれた食事のなかでも、その心を思っていた――。

食事の後、外へ出てみると、降るような星空になっていた。そして、遠くに小さなネオンが見え、街が見えた。しかし、ここは東京の浅草の夜景とは異なり、未だ自然は破壊されていないし、人間は、神の与えたままの自然と同居しているのである。

ここには安らぎがあった。雑音の何一つない静寂の、空気の綺麗な夜があるのである。

私は、こんな環境を、都会の人に味わわせて上げたいものだと思った。

ビルの林立する、スモッグに汚れた灰色の都会。情緒もうるおいもない都会。私達はしかし、一人一人の力で、その都会を美しくしなくてはならないのだ。

そして、人々の心は、すべて神の子であるという自覚に目覚めなくてはならないのだと私は思った。

やがて私は、寝についたが、その床の上で瞑想に耽った。去来するのは、去りし日の思い出であり、私の胸には、再びまた追憶の世界が展開されて行くのであった——。

疑問を追求する——佐久の星空の下で

私が体験した、少年時代の〝もう一人の私〟を始め、生と死の謎などこの世界には未知の部分があまりにも多い。

少し人生について考える人なら、誰も疑問を持たない人はないであろう。しかし実は、多くの人々はこうした疑問について、解答を得ることなく、先祖代々の習慣だとか古い因習にとらわれて、妥協しがちだ。

だが私の性格は、どのような問題でも、納得のいかないことについては、あらゆる角度から疑問の追求をしてあくことを知らない。

それは、真実をつかみたい一念がそうさせたのかも知れない。

日常の生活のなかにおいても、意見の相違がある場合は語り合う。それがたとえば争いに発展しそうな場合は一旦妥協して感情の不調和を静めてから語り合う。そうすれば必ず納得されるものがあると私は考えている。

川の流れを見てもそれは解かることだ。水は環境に応じて自らの進路を定めて、やがては大海に注いでゆく。つまり「水は方円の器に従う」というわけである。都会を流れ汚れても、また再び綺麗な姿に戻り、熱や圧力の縁によって、固体や液体、また気体になるといった変化を起こしても、水は本性を失わない。

私達も、このような心の在り方が必要であるだろう。自己過信や自己損失をしてはならないということである。

私は、小学校から中学に進んだ。しかし、要領を得ない勉強は、その効果を現わすことはなかった。

ただこのなかで、体力を鍛えるためにやった剣道は、私の人生に大きな転換を与えた。剣道の極意は、気・剣・体の一致であり、いずれが欠けても、正道ではないということだ。そしていかに剣の技術が卓越しても、体力が伴わず、気力、心が不調和であっては気違いに刃物ということになろう。

技術は錬磨によって身につけられる。同時に訓練は体力をつくり、豊かな心もつくり出して行く。心が調和されて行けば剣によって他の生命を奪うようなこともない。それは、剣は身を守るための道と悟ることができるからである。

争いによって感情的な心が生じたときは、それはすでに正道を逸脱した気違い剣法になり下がることになる。慢心の心は、何によらず自らの正しい姿を失ってしまうといえる。争いに巻き込まれて行くことは、相手の毒気を食べていることであり、大きな反作用となって怒りの心を押えることはできなくなる。自ら人間性を失ってしまうということだ。

人間以外の動物ならともかく、万物の霊長、神の子である人間が、その自覚を失ってしまっては仕方あるまい。

あくまでも剣の修業を縁として、心身の浄化を計るということが本来の姿でなければならないということで、武術を学ぶすべてにこうした心構えは必要であるだろう。

スポーツの対決もまた同じことである。

相手を殺すということは、すでに人間の道をはずれた姿であるといえよう。

同じことは戦争にもいえることだ。それは我欲の塊りのぶつかり合いであり、人間本来の行為にあってはならないことである。

動物がそれを行なうのは進化への体験であり、万物の霊長たる人類は、本来話し合いという調和されたルールを知っている者達なのである。

それぞれの国の教育の片よりや思想的な自己保存の考え方が、地球上の困難をつくり出しているということだ。

だが、この事実に気がついたのは、戦後のずっと後になってからのことであった。

支那事変は国民総動員によって日本人を規制し、日本は阿修羅の様相に突入したのだ。天皇の名のもとの「一億火の玉の団結」へと。

私達当時の少年の心は、国家のために死のうと覚悟するほど、純真な心は教育をとおして誤った洗脳をされたのであった。

曰(いわ)く大和魂。曰く「死は鴻毛よりも軽く義は山岳よりも重しと覚悟せよ」。すなわち国家のためには、もっとも軽い鴻毛のように死に、国家に対する義理は山よりも重いものだ、と教え込んだ思想である。

軍国日本を汚す者は、断固として打ち破るという社会情勢の下、私もまた、遂に中学を中退して軍人志願に踏み切ってしまったものであった。

軍隊ではしつけがきびしく、規則正しい生活であった。先輩達の気合いの入った教育、私のもっとも嫌いな数学や物理が正課であった。上級生のどれも、眼の色が変わるほどのきびしさを身につけていた。

中学時代不勉強だった私も、日が経つにつれやや要領を得、学問も理解できるようになり、極微の世界を学ぶに従って、ミクロからマクロが完成されていることに気がついて行くのであった。

この時代の片よった教育思想も、ほとんど抵抗なく私の心のなかに調和されて行った。それは、父母のため天皇のため、国家のためという儒教的思想であり、忠孝一筋という、今考えるとこれは馬車馬の走るに似ている教育であった。

しかし私のような貧乏人の小倅にとっては、国から給料を貰いながら学ぶのであるから、むしろありがたい環境であったといえる。

上級学校に行くに従って、基礎学問の程度は、飛行機乗りに必要なものに変わって行った。電気工学、磁気学と聞くも見るも初めてのものばかりである。

私はしかし、集団生活をとおして、わがままな心は調和し、人間的には進歩していたようだ。小さい頃からきびしい環境で叩かれたせいか、しっかりした人間がつくられて行ったのである。

先輩達に気合いを入れられるに従って、集団意識が心のなかに集積されて行く。

やがて私は、実戦訓練のため、初めて祖国を離れることになった。戦火は拡大され、敗戦の色は日増しに濃く、上級幹部、指導者の間には不安の暗い雲が展がった。

私が軍隊で得たものは、社会意識の一員としての犠牲的精神と行動であった。

しかし、特定の国家意識に支配された、正しい中道を逸した思想による犠牲は、それが人生の目的であり使命であるはずがない。それは誰にとっても、真実の自己を見定めるための偉大な体験というべきものであった。

同じ人間同士が、思想の相違や民族的な感情によって、血で血を洗う死闘を展開している姿は、むしろ動物にも劣る所業といえる。

そしていつもその犠牲になるのは、弱き大衆という名の人間群である。にもかかわらず人類の永い歴史は、戦争と平和のくり返しであった。

人類が、神の子たる自覚を失って欲望のとりこになったときから社会の混乱が生まれ、闘争と破壊をくり返してきたが、今こそ人類は眼覚めなくてはなるまい。

現代のように、文明が発達してしまうと、人類の知恵がつくり出した原子エネルギーや公害などによって、自らが生きて行く環境を破壊してしまうということを、人類の一人一人が考えなおさなくてはならないといえよう。

――私は、社宅の一室で天井をみつめながら、過去の思い出を通して、人間の失われた心の代価がいかに莫大な犠牲を払うものか、と思ったとき、盲目な人生を送っている人々に、不変的な心の尊厳を知るための道を悟らせなくてはならないと思った。

思索への焦りが、次から次へと燃え上がってくるのであった。

六月の信州は、夜ともなると東京とは異なり冷え込んでくる。

日中での仕事の疲れを忘れて、静かに考える人生問題は楽しいものだ。

私は眼が冴えてしまったので、外へ出た。そこには澄んだ空気と、ダイヤを散りばめたような星屑の空があった。

大自然の神秘……太陽、月、地球……私達も地球という惑星のなかに住んでいるのだ。

この広大な宇宙のなかに、私は今生きている……。数え切れない星のなかにも、私達と同じような生物が生きているかもしれない……。いやそれ以上に調和された高等動物が存在しているかもしれない……。

宇宙から見たら、ほんの一点にしか過ぎない地球……このなかにいる人類などアメーバより小さい生物である。

それが、闘争本能だとかいって、少しばかりの表面的な知恵で、自己保存のため欲望のとりこになっているなど本当に愚かしく思えてくる。

この宇宙に展開されている星のなかには、まだ地球に光すらとどかない無数の天体があるのだ。不確定な私達の眼や耳などの五官など絶対的なものではないのであり、私達には、極微の世界も極大の世界も正しく見ることはできないのだ。

そのことを忘れて、小さな地球的な判断で物ごとを考えるべきではない、と私は思う。

佐久高原をめぐる山々も、古代に生きていた巨大な爬虫類の黒い背のように見える。それは、星空を背に眠っているようにも見える。あるいは今にも動き出すかとも見える。

遠く見えていた町のネオンの灯も今はすっかり消えている。

静寂な自然に、遠い田圃で鳴いている蛙の歌が調和されて、私の心は大自然の神秘のなかに溶け込んでゆくようだ。

生きている自然は、私達の心に本当のゆとりを与えてくれる。しかしこれは、汚れ切った都会、騒音過密の都会に生活している者のノスタルジアかも知れない。

このような、自然に恵まれた環境を捨てて都会に憧れる人々があるということは、満足できない何かが人それぞれにあるということなのだろう。

人間の体験は、そうしてより自分自身の心を豊かにするということか。苦も楽も、人生航路における偉大な学習だからである。

私は部屋に帰って、眠りに入った。

三日間の田植は終わり、私には、再び雑踏の東京での次の仕事が待っている。

これでまた、秋の収穫まで、故郷に帰ることもないだろう。

秋には、多くの同志とともに〝神理〟の研究会を兼ねて、心身の鍛錬に佐久へくることを考えながら、私は帰京の途についた。

列車は、緑に囲まれた山々、水田の青い波を左右にしながら、信州路を上野に向かってひた走る。

私はまた車窓で考えていた——この大自然のなかに生きている人類、いつまでも美しい自然を、公害から守りたい——そしてより人々の、心を中心とした平和境を完成しなくてはならない——と。

心の遍歴——魂と物質のはざまを

肌ざわりの良い佐久の冷気は遠ざかり、空気は再び湿度の高いものとなってゆく。都会である。人いきれのする東京に、私はきびしい人生修行の場にまた戻ったのである。

だが人間は、どのような環境においても、常に心の在り方が変わってはならない。

希望と欲望は自ずから異なってくるものだ。希望は調和の道につながってくるが、欲望は執着をつくり不調和への道に通じて行くものだからであり、遂には自らに足ることを忘れ去って不平不満の人生を送ることになるからである。

人間はそれゆえに、今の環境でしっかりと正しく処することが大事なのだ。そして、自らの希望を達成するためには最大の知恵と努力と勇気とを必要とする。

私は、小さな会社であっても、私なりに生きて行く糧を得るためにプラスチック・プレス・エレクトロニクス関係の仕事をしているし、そこに生きる喜びと製作への楽しみを感じているのである。

身体にはある程度の制約があっても、多忙の毎日の生活のなかで、心は常に自由自在、苦しみの原因をつくらないために平和に暮らすことができる。これも丸い心を保つための私なりの修行法なのである。

事業を大企業に育てようとか、自らの地位や名誉を追いかけるようなことは考えないし、身のほどを知って生活しているため、極端な考えや行動は常につつしんでいるのだ。

人間は欲望のとりこになったとき、すでに苦しみという大きな荷物を背負うことになるのだ。

だが、それが多くの人々の幸福につながって行くものであったなら、最善の犠牲と実践活動によって人は一日悔いなく送ってゆくことだろう。

それは、個人個人の心の調和が、社会全体の大調和につながって行くからである。

私が、人生に対する正しい生き方というものを発見することができたのは、一九六八年七月の大きな霊的現象が起こってからであった。

〝もう一人の私〟を追求していた私は、偉大な人生航路の目的と使命を知ることができたのだ。私達の心のなかに記憶されている、転生輪廻の過程を、どこで生まれ何をしてどこで死んだかを、あらゆる国々を生まれ変わりして現在あるという、驚くべき心のテープレコーダーをひもとくことができるようになったのである。

それはまた、今はすでに私一人だけの現象ではなく、他にも百何十人という人々の心の窓が開かれ、その実証を可能にしている。

現世で学んでいるはずがない古代の中国語や古代のエジプト語が、私達の口を通して出てくる。自然に、当時記憶したできごとが語り出されるのだ。

イエス・キリストの時代のことやインドのゴーダマ・プッタの時代のことが、キリスト教も仏教も学んだことのない大人や子供によって語られ実証されているのである。

信じられないような現象が、事実が、今日本にエジプトに、ブラジルに、アメリカに起こっているのだ。その人の学問や地位や職業に関係なくである。

本来は、誰のなかにも潜在され、記憶されているものなのだが、自らの心と行ないが不調和なため、曇りによって覆われ、出てこないものなのだ。それは、心の、神なる智慧に到達できないからである。

人間は、皆神の子であり、仏性、神性を持っている。その紐を解くことができるのは、心の天国の支配者である自分自身だということだ。この問題は、しかし後述しよう。

もう一度、現在の境地になるまでの過程を記さなければなるまい。

浅草の一隅、八起ビルの一室で、戦後の私の生活と心の在り方を、私は思い起こす——一九四六年、人生の大転換が、私に訪れてきた。

馬車馬のように、忠君愛国の道一筋に突っ走ってきた私も、必死の環境から解放されて自由となった。誰もがそうであったようにである。

祖国日本に帰り、再出発である。

敗戦のショックは、少年時代から育った環境のためもあって、私には非常に大きかった。

神国日本、不敗の日本精神を叩き込まれてきた私達が、初めて体験する人生航路の衝撃であった。

私には、この頃から神仏への疑問が、改めて心のなかに大きく広がっていた。「戦勝祈願、武運長久と一億一丸となって神社に祈ったはずの神国日本がなぜ敗れたのだろうか――」

神なる存在があったのだろうか――と。

大都会は見るかげもなく破壊され、さらに原子爆弾によって広島や長崎は一瞬にして消えてしまった。

そして多くの人々は肉体を亡ぼし、大変な犠牲によって敗戦を迎え、自立することができないほどに打ちのめされてしまった。

真実、神がいるならば、このような結果は招かないはずである。あるいはもし神がいたとしても、見放してしまったのかも知れない。

ならば、なぜ見放されたのであろうか。

それは、国家意識の在り方に問題があったのではないか。そして、その原因は、日本人の歴史を造り出した過去にあったのではなかろうか。

徳川幕府が大政を奉還し、きびしい鎖国から目覚めた日本、その指導者によって、その人間の知恵によって神国日本が造られて行った。

神仏を分離し、天皇を現人神として崇拝させ、国家意識の高揚を計ったのである。

日本人の心は外国に走り、日清戦争、日露戦争と不調和な闘争への道を辿って行く。

建軍の思想は、人々の思想、自由を束縛して、軍閥が次第に権力を持つように変わって行ったのだ。

そして、河本大佐などによる張作霖爆殺事件によって起こった満州事変、さらに支那事変、大東亜戦争へとエスカレートして行ったのであった。

神の名を利用した無謀な指導者達は、遂に自らの首を締めてしまう結果を招いてしまったのである。大きな大衆の犠牲を伴ってだ。

全く、思想とは恐ろしいものである。誤ったそれは、多数の人を狂わせてしまうものなのだ。

正しい基準が解からなくなってしまった果ての戦争だったということである。

神の存在があるとしたならば、地球上の人類すべてに、その恩恵は平等であるはずではなかったか。それが慈悲と愛の塊りであるならば、私達を育ててくれた両親のように、誰が子供達の不幸を望むであろうか。

太陽の熱光は、万生万物すべてに平等である。日本にだけ熱や光を与えているわけではあるまい。

そして、大自然は慈雨を降らせて、動物や植物の育成に肥料を与え、また光は植物の化学工場に光合成のエネルギーを与え、澱粉や蛋白質や脂肪を作らせている。

動物も植物も鉱物も、同様に相互の関係を保って生物の環境を造り出しているのである。

太陽を始めとする大自然の環境こそ、神の慈悲と愛の現われではないだろうか。

偶像の神や曼陀羅の神は、すべて人間の知恵が造り出したもので、慈悲も愛のかけらもありはしないのである。

それは、多くの宗教家達がでっち上げた神であって、大自然を支配している神とは全く関係のないものだといえるのである。

大宇宙体を支配している、物質の次元を超えた意識こそ、神である。つまり、地球も、その大宇宙体の小さな細胞にしかすぎない小天体だ、ということである。

ということは大宇宙体もそのまま神の体であり、とすれば地球もまた大神殿の一つである、ということであり、私達は、神の子として、この神体の一細胞として、人々の心と心を調和させ、地上に仏国土・ユートピアの実現を志すとともに、きびしい盲目の人生での修行を通して、豊かな神の心を完成させることが大切である、ということである。

人類民族の肌の色は、その生まれた気候や風土により、この現象界に人類が出たときに神の意志により、分類されたものである。

このように、人間は皆平等であり、人間の造り出した経済力や地位名誉が、その人の価値を判断する基準にはならないということだ。

私達の肉体は肉体先祖によって受け継がれ、人間に、本能として種族保存、すなわち肉体舟保存のために与えられたものなのである。

肉体舟は、魂すなわち意識（『心の発見　科学篇』参照）の乗り舟であり、やがては誰もこの現象界に置いて還らなくてはならないものだ。

ということは、私達の魂すなわち意識は、やがて神なる世界、次元の異なった世界に還ることになるということである。

次元が異なった世界のため、私達は見ることができないだけの話であり、心の窓が開かれている者達は、それを自由に見極めることができるのである。

ただ、先祖伝来の慣習というものが私達の生活のなかに根を下ろしているため、私達は旧来の陋習を破ることができないし、何の疑問を持つことなく信じてしまうということだ。

つまり、戦争に関しては、神は両成敗を下したもの、といえよう。

神の子である人類が、小さな地球のなかで盲目の人生を体験して争っている姿を見たとき、神は、親が子供の喧嘩を見ているようなもので、悲しくてただ涙を流して見守っている以外にはないだろう。

人間は、自らの愚かしさを悟るまでのことだ。

感情のみが大きくふくらんでしまっている人々に、果たして正しい判断ができるだろうか。それは感情がおさまり、他人との調和ができるまで待つ以外にはないであろう。

このようにして、敗戦を迎えた多くの兵士達は故郷の山河に迎えられ、やがて人々は、破壊された環境を再建するために立ち上がる。

米軍を始めとして、連合軍の支配下で、新しい日本が再建されて行く。私自身も、馬車馬のような生活から、自由な眼で社会を見るようになった。そして、祖国日本の再建のために働くことを決意し、立ち上がったのであった。

復員のとき渡された金二千三百円、それに父から貰った牛一頭が、席の暖まるいとまもなく田舎から上京した、私の資本であった。

都会、というより、廃虚のなかでの、食料難のきびしい生活が私にも始まった。

街をゆく人々の心は荒み、親を失った孤児達の哀れな姿や、多くの浮浪者の群れの数は限りがなかった。

私は、そんな状況のなかで、苦学をした。もう一度勉強をしようと化学書や物理学書をひもといたのである。そして、極微の世界から極大の宇宙へと、物質的な研究が進んで行った。

大学入試の認定試験も、混乱期であったためか、不勉強な私であったが無事通過した。

私は、何でも勉強したい意欲で、理科系の学問に集中して行った。それが生活に直結していたためでもあったし、技術系は、軍隊の当時学んでいたため手馴れてもいたからだ。そして〝もう一人の自分〟というものがどうしたら証明できるだろうかと、私は、特に物質というものを主体として追求した。それが楽しみの一つでもあった。

海草で作った麺類や芋類が主食であった。

石鹸を作って売ったりしていたが、私は、遂にラジオや電蓄（プレイヤー付ラジオ）を自分で組み立てて、経済を安定させた。

しかし宗教書を読もうという気持はなく、神秘の世界に関しては、常に探求をやめず、眼で見たり聞いたりすることが何よりの私の道楽のようであった。

禅定をして、良く瞑想に耽ってみたが、心に一時の安らぎができても、生活のなかに現われてくる諸現象に惑わされてそれは常にもとのもくあみであった。

あるときは感情をむき出しにし、怒る心を押えることができず、神仏を否定する同僚と口論をしたこともあった。

魂はあるのか。幽霊など本当に出るのだろうか。人間の生と死、人生の目的、そしてあらゆる苦悩、それに対する祈りとは何だろうか。

寺などで経文を上げたりしているが、なぜ経文などを唱えるのか。

私の疑問は解けなかった。

三田にある寺の親しい坊さんに質問しても、

「お経を唱えれば功徳があるのだ」という曖昧な返事しか返ってこない。

「人間は死ねば誰でもが仏になってしまう。だから、お経はその仏を供養する言葉なのだ」

とも坊さんはいった。私が、

「あの世というものはあるのですか」

と質問すると、

「あるようでないようで、誰もが行ったことがないから解からないのだ」

とこれまた全く要領を得ない。

「なぜお寺を建てるのですか」

と聞いたときには、

「仏様のいる場所が必要だ。お前も家がなくては住めないように、仏様もいる場所がなくては困るだろう」

とまことに子供欺しの説明である。私が納得できるはずがなかった。

またあるときは、私は、キリスト教会の門を友人とともに叩いて、その説教を聞いたことがあった。

しかしその説教も、イエス・キリストを信ずる者は救われる、という話で、信じなくては救われないという、私には納得のいかない非合理なものであった。

私は、既成宗教に、次第に失望して行った。

そしてまた別に、今の肉体というものだけがすべてのように考えている人々も何と多いことであろうか、と私は思った。

「死んでしまえばすべてなくなってしまう。死後の世界など存在しない」

という。

仏教学者や僧侶達のなかでは、このことを話すことはタブーのようになっているらしい。

現在が大切であることは当然だが、死後の世界の存在を否定する根拠もないはずである。

私は考える。

物質というものにも、仕事をなし得る能力が共存している。

すなわちエネルギーである。

物質が、仕事をなし得る能力に変わるには、圧力と熱との縁がない限り、永い時間が必要となるだろう。

仕事をなし得る能力は、私達の五官ではとうてい判ることはできないものだ。

しかしそれが存在しているということは、誰も否定はできないだろう。

物質には物質としての次元があり、仕事をなし得る能力、すなわちエネルギーは、全く物質とは異なった次元の存在といえよう。

生物は有機物によって構成されている細胞やその集団は、それぞれ個性を持っている。

そして、動物や植物は、外部からの熱光といったエネルギーを吸収して成長を続けている。しかも、本能によって種族は保存され、後世に受け継がれている。

動物や植物には、鉱物などのエネルギーとは違った意識の存在があり、意識の次元と肉体が、それぞれの個性を持って同居している。

私達の場合も、同様に、肉体としてこの世の次元に存在し、意識すなわち魂という高次元のものと同居して成立している。

私達の肉体は、このゆえに人生航路の乗り舟といえる。舟の船頭である意識・魂が離れてしまえば、肉体は舟としての意識しかなく、自らの自由な意志は持っていない。つまり、眠っているときの状態がそうである。

五官も、特別に外部からの何ものかの作用がない限り、記憶することも思うことも考えることもできないであろう。

もし脳細胞がすべてのことを記憶しているとしたなら、私達は、眠っているときでもその能力を持っているはずである。

しかし眠ってしまえば、いかに鼻の穴があいていても、耳の穴があいていても、全く記憶はない。外部からの一定以上の作用がない限り、感知することはできないのである。

その人の体質、状態によって、眠りの時間はそれぞれ違ってくるが、誰でも、眠っているときは、いかなる心配があってもそれを忘れているし、痛い場所があってもほとんどその痛みを忘れている。

意識すなわち船頭が乗り、肉体を支配してこそ、始めて今までの状態が続けられてゆくのである。

この事実を考えても、肉体以外の何者かの存在を否定することはできないだろう。いかに万物の霊長、神の子たる人間であっても、動物や植物や鉱物または大自然の恵みなくして、肉体の保存はできないということである。

物質の次元とエネルギーの次元。

肉体舟の次元と魂意識の次元。

このように、私達の肉体と意識は不二一体であるといえよう。

そしてエネルギーは不滅であるということはすでに実証されている。また、私達の意識も不滅であるということも誰が否定できるであろうか。

苦しみも悲しみも、実は肉体の五官を通して次元の異なった意識に働き、意識の中心である心に伝達されてゆくもので、この心が造り出しているものといえよう。

この心は、何かの影響を受けている。よく人のいう、霊感などもその類の一つであろう。それは、意識の次元に生きている者達からの通信を感じ得る者達なのである。

何ごとも一つの目的を研究し、追求する過程においては、その努力に比例し、霊感的な現象によって解決される場合が多いからである。

私は、学校では自然科学や理科系の、自分に必要な学問を習得するために通い、それはまた、常に心の問題を中心としての、霊的な問題のきっかけをつかむための学習でもあった。

そのため学友から、

「哲学科へでも行ったら良いよ」

といわれたり、あるときは、「変わり者の予言者」などと呼ばれていた。

だが、信じる信じないは別にして、人間の悩みや苦しみは、肉体的現象であるとは考えられないはずである。

ある人々は、心を精神といっている。

その呼称は、似たようなものだろう。

精神も、それぞれの人によって異なる性格があるし、人によって特徴があるのは当然のことでもあろう。

また人によっては、魂まで両親がくれたものだと思っている者も多い。しかし、もし両親が魂まで与えてくれたとしたなら、その個性の考えていることや思っていることが、なぜ両親と異なることが多いのであろうか。「親の心子知らず」ということわざがあるが、そんな卑近な例によっても、魂と肉体とは別のものであるということは判るはずだ。

特に、現代社会のなかにおいては、親子の断絶などと騒がれている。断絶とは何か。この事実を見ても、心の世界は、肉体の次元のそれとは異なるということが明らかであろう。

しかし私には、このようにして探し求めてきても、〝もう一人の自分〟に関しては、未だ何も解からず、依然としてその謎は解けなかった。

私は、二十五歳のとき、電気関係の仕事をするため、小さな工場を借りて、五、六人の従業員とともに、生活のためのスタートを切った。いうなれば独立自営の第一歩であった。

製造品目は、自動制御装置が主体であったが、経営というものは、素人の私にはなかなかむずかしいものであった。しかし、その要領を得るまでには、そう時間はかからなかった。

現代社会においては、経済力がなければ生きてゆけないという必然性が、私に別の知恵を与えたからでもあろう。

学校は、仕事の暇のときに行き、社会における体験から、さまざまな事柄を吸収することにつとめ、神仏のことを追求しているので、そうした理科系の人々とはなかなか話は合わなかった。

私は、学友の間では全くの気違い扱いであった。

しかし最初から勉強そのものが目的でもないし、就職して月給とりになることが目的でもなかったから、自分流のやり方で勉強すれば良かったし、私にはそのほうが大切でもあった。

医学も天文学も学んでみたが、やはりそれも心や魂の問題とは縁遠いもので、唯物的な探究にしかすぎないものであった。

私はそのように人生を処して行ったが、やはり生身の青年であることに変わりはなかった。欲望のとりこになり、異性への憧れが、いつか心を占領し、それに悩むようになって行ったのである。

無常なもの、と知ってはいても、やはり心が惹かれる。まことに人間とは、不可思議なものであった。

あるときなどは、私だけがこのような問題で悩むのだろうかと、学友と語り合ったこともあった。しかし、男はほとんどが同じような苦しみを味わっているようであり、私は、愛するということは苦しいことだ、と悟ることができたのであった。

それは、独占欲、嫉妬心、信頼の度合い、自己損失などが苦しみを造り出すものだ、と気がついたのであった。

愛とか慈悲とかいうものは、与えるものであるが、それにお返しを貰おうと思うところに、人間の欲望からくる苦しみが生じるといえる。

自分に都合の良い、目的成就のためのみの愛は、やはり偽善の愛だったのであろう。

また当時は、商売で媚を売る、愛の押し売りも多かった。しかし、愛というものは金で買えるものではないはずで、このような愛は金の切れ目が縁の切れ目ということになろう。

愛というものは、もっと広大無辺のものである。

人類愛、祖国愛など愛には限りがない。

それを、私達は、愛といえば多く男女の愛だと思っている。しかしそれは誤りであろう。

最近、師弟愛というのが特に薄れている。師に対する尊敬の念がないのである。愛は、心と心のきずなで結ばれているものであるはずだが、師のがわでも最近の人のなかには、自己防衛のみが上手な人が多く、時勢に応じて変心する日和見主義者が多い。

また、道徳など不必要だという学者もいる。人間性のかけらもない、エゴイスティックな人々が多いのだ。

それどころか、社会混乱を指導している先生もいるのだから、彼らは、知性だけが発達して、感情をむき出しにする動物的本能まる出しの人間で、心など持ち合わせていない人々だといわざるを得ない。

彼らは、やがて自らの首を自分で締めてしまうということになろう。

先生と生徒の断絶、親と子の断絶、彼らは心を失い、ただ物質的経済的判断で物ごとを律し、自分の主義主張のためには暴力革命すら実行しようとしている。

そして世のなかは、そうした人間を進歩的人物としている。馬鹿げた話だ。

このような人間に限って、実は小心でひとりよがりで、大衆の幸福といいながら、自らの心中は混乱して安らぎの心を持ってはいないのである。人間失格者というしかない人間が多いのである。

戦後二十年、人間はますます文明の奴隷となり、自らの人生に対する偉大な価値を忘れてしまったのではないだろうか。

労使の周期的な闘争の姿、学問を度外視して破壊活動にいそしむ学生達、政治家の醜い自己保存、一般家庭の不調和、挙げれば限りのない混乱の世相――。

これも皆、人間の生活の知恵が造り出した物質文明の奴隷になってしまったところに原因があろう。

混乱を起こしているのは金、経済である。

人が、足ることを忘れ、感謝の行為を否定して、調和された環境ができるだろうか。

また神の名のもとに、迷える人々を脅迫して、罰が当たるなどと心に足枷をはめ、生血を吸っているような偽善者達。

人間の正道を教えるべき宗教家が、死者の番人や葬式の執行人になり下がり、毎朝毎夕仏様という偶像崇拝をしている。僧侶という名の商売人は、こんな生活を勤行だとして、習慣的な行為のみをくり返しているのである。

他力信仰一本槍の生活だ。

しかし果たして、他力信仰で人間は救われるだろうか。

たとえば喘息で苦しんでいる人の姿は、本当に気の毒だ。看病する人も大変である。それをやわらげようとして、麻酔で発作の一時押えをする。苦しみの一時逃れだ。

しかし、根本的な治療をしない限り、この苦しみから解放されることはない。

つまり、解決は、肉体的にも精神的にも喘息の原因を追求してその病根を絶つことにしかないのである。

信仰の道も同じである。

自らの病苦や精神的苦悩からの、一時的逃避であってはならない。一切の苦しみの原因を追求してその原因をとり除かない限り、苦悩は再び起こってくるものなのである。

神の慈悲の光は、万物に平等だ。

あたかも太陽の熱光と同様に、自分の心の在り方と生活の在り方を正しくしないで、他力によって救われると思ってはならない。

多くの人々のなかには、他力を縁として、自らの性格や行為を改め、安心立命の境地に入る者もあろう。しかし、実は、心のなかに不安や執着があれば、苦しみの種はまた芽をふいてその人を苦しめることになるのだ。

宗教の道を人々に説いているときは、自分自身に満足しているが、一旦、家にもどり一般の生活に入れば、心と行ないのギャップに苦しむ。そうした人が多いはずだ。

特にご利益信仰の新興宗教を信じている幹部達にのみ多い、ということではないであろう。

現実にもどったときも、説教しているときも、変わらない心と行ないが大切ではなかろうか。

不調和だということは、もはや正道を実践しているとはいいにくいのである。

狂信者や盲信者は、自己逃避がすでに陶酔境となっており、それは正しい信仰の姿ではない。苦しみから逃れるための信仰は正法ではないということを知らなくてはならない。

一九五四年十二月、私は結婚して新しい人生を踏み出し、独身生活に別れを告げた。そしてこの年、私は事業に失敗して一文なしになってしまった。それは、私にとっては良い体験となった。

私達夫婦は、アパート暮らしであったが、鍵一つでどこへも行ける身軽なもので、近隣とのつき合いにも親しみがあった。

この頃から、私には不思議な現象が始まり、予言はほとんど適中し、相談にくる人が狭いアパート一杯にあふれることもあった。

だが、なぜ予言が当たるのか、私にも答えられなかった。そのため、私自身そのことを信じてはいなかったし、邪心もなかった。

これまで二十年近く、私の生活の話題に神仏のことがのぼらない日はなく、それは執念のように私の心のなかを占領していた。

私は、再び生活のために、大森に百坪ばかりの工場を建て、昔の得意先の協力を得て電気会社を設立した。事業は順調に伸び、神奈川に長野にと、小さいながらも生産工場を設備した。

経済力がなくては人々を救うこともできないと思い、金儲けに専念した。私は、私の本筋とは異なった方向に進んだのである。

そのため、常日頃の考えと行なうこととは大きくへだたってしまった。それは、私が欲望の奴隷になったからである。

結果、従業員との意思の疎通、会社内部の混乱、家庭も混乱の渦に入って行った。

さらに、浅草でビル建設が始まり、サウナ風呂や超音波温泉を始めようと、事業は着々と進んで行った。

そして、一九六八年七月三日、遂にくるべきものがきた——。

第二章　霊的現象

霊的現象起こる――奇跡の炎

すでに二月頃から、わが家には、不思議な現象が起こり始めた。

父の死以降、私は、仏壇の前で瞑想することが日課のようになっていた。二月三日、午前一時のことであった。

仏前に灯明を上げて、心の調和を計っていると、突然風もないのに灯明の炎の高さが二十五糎(センチ)になった。本来なら三糎のものがである。そして灯明の炎は、先が二つに割れて生きているように燃えている。

ろうそくの芯が大きい場合にはそんなこともあるかも知れないが、全く普段のそれと変わってはいない。

一般的な科学的物理現象では考えられない。戸閉まりをしているから、内部に風が起こることもないし、急速に室内温度が変わることもないのに、こうした現象が起こったのである。

約十五分くらいみつめているうちに、自然に火炎は小さくなり、今度はそれが蓮の華に変化し、最後は蓮の実に変わって行った。

信じられないような現象であった。

私は、妻や弟を起こしてこの現実を確認させた。彼らは何が何だか判らず、ただ呆然とこの現象に注目をするのみであった。

これは、肉眼を通して現われた現象であったが、それに一体どのような意味があるのかということについては、皆目判断することができなかった。

会社の仕事は、相変わらず忙しく、昼中はビルの現場と工場とをかけもちで追われる毎日だったたからだ。

七月三日のことであった。

私の義弟はおよそ霊的な話に耳を傾けるような人間ではなく、学校も電気工学を専攻していた。私の会社に勤務していたが、その話も勿論信じることはなかった。

彼もいろいろな霊的現象を目撃したが、

「私には信じられない」

と常に否定の立場にいた。しかし、

「もし本当なら私にもできるだろうか」

ということで、本人の希望もあり、深夜実験することを約束した。

午前一時、義弟の心を調和して、光を手のひらより送っていると、彼の口から昔の侍の声が出てきて語り出したのであった。

義弟は、自分の口を通して語るのであるが、自分で自分が何かを語っていることに非常に驚いたようであった。

〝自分でない自分〟――私はそれを見て、これこそ私の求めてきた三十二年間の〝もう一人の自分〟ではないだろうかと思った。

私は、腹中に何か光を見たような思いがした。現象のことを全く信じてもいない義弟が、真面目に語る言葉に、真実がこもっていたからである。

七月五日の夜のこと――義弟の口を通して「この者が、四十年の二月、自動車事故を起こして七日間意識不明になっていたとき、この者を助けたのはこのわしである」

と重大なことを語り出した。

義弟は、中学三年の三月期に、自動車とオートバイの正面衝突という事故に見舞われ、頭部を打って、意識不明のまま五日間をすごし、生死の境をさまよったことがあった。この、死線をさまよっているとき、義弟の口を通して語っている霊が協力して助けてくれた、といっているのだ。

自分自身の口で自分のことを語るのだからと思うだろうが、霊が義弟を離れてしまえば、彼は全くそのことを記憶していないのである。

私達は、無責任のようだが、義弟を支配している霊を見ることもできないので、口を通して語る事実を信ずる以外にはなかった。

世のなかには、霊媒とか口寄せとかいろいろあるようだが、私達は、何も祭ってはいないし、自宅の応接室で実験をすることが常であった。

霊媒や口寄せのほとんどが、祭壇を祭って経を唱えたりすると出てくるようだが、私達には道具は必要としなかった。

義弟は自動車事故で、いくらか脳細胞でも侵されたために現象が出るのだろうかと疑問を持ったこともあったが、すでに三年もすぎているし、通常頭痛を訴えるとか病気をするとかいったこともないので、やはり霊的体験だと考えた。

義弟はまた霊的問題については全くの素人であり、私も他人を通じてのこのような現象を見るのも初めてであった。

七月七日の夜、義弟を中心として、再び実験することにした。霊的現象はやはり起こった。

霊的なものが義弟の身体を支配しているときは、自然と胸のあたりからこみ上げるように言葉が出る。だが自分の意志ではコントロールすることはできないらしい。

今晩の霊は、日本人ではないらしい。昨日までの霊とは違って、言葉が通じない。

私は義弟を支配している霊に、

「昨日まで話をしておられた方と代わっていただきたい」

と告げた。すると、しばらくして外人の霊は義弟から離れたのか、義弟はわれに返り、

「あれ、帰ってしまった。不思議だなあ」

といった。そしていつもと変わらない言葉で、私を始め妻や妹達に語るのであった。

「今夜は外人らしい霊がきたようだか、何かきびしいことをいっているように感じた」

私は、見るも聞くも初めての現象だけに、興味を持ち、一体どのような結果が出るか楽しみでもあり、恐ろしい気持でもあった。

しばらくは、一座で茶菓にし、霊的現象についていろいろと語り合った。だが、それについて真実の判断は誰にもつきかねた。

またしばらくして、義弟に昨日までの霊がきたのか、義弟は、

「ああ、誰かきたようだ」

というなり、無我の状態になり、義弟に入った霊がこう語り出した。

「私は今あの世で修行中の身である。そのため、肉体を持っている地球上の修行者に、誤りを教えてはならないので、私の師を紹介することにしよう。私の師は、大昔のアフリカで修行をされた偉大な方で、通称ワン・ツー・スリーと呼ばれている方だ。今からは、皆さんは、この師からいろいろなことを勉強して下さい」

その霊はそういうと離れてしまい、続いてそのワン・ツー・スリーといわれる外人の霊が義弟の身体を支配して行った。

だが、日本語以外には通じない私達である。話は通じない、と思った。ところが、そ

の霊は、私達の思っていることや日本語が解かると見え、聞きとりにくい外人訛りであったが、日本語でゆっくりと語り始めたのであった。

しかしそれでも全く聞きとりにくいので、私が、

「あなたの言葉が聞きとりにくいので、もっとゆっくりと正しい日本語で語って下さい」

と同じことを二、三度いうと、霊は語気の強い言葉で私を叱った。

そのことを要約すると、

「私は上々（かみがみ）の上（かみ）の上（かみ）の上（かみ）の上（うえ）に立つ神だ。お前達は、この男（義弟）にひれ伏して私のいうことを良く聞くが良い」

そんな意味のことをいい、私に対してはもっときびしく叱るのであった。義弟にひれ伏して話を聞けというのである。

小さい頃から、私の背に乗って動物園やサーカスなどを見に行った義弟であり、私は義弟に対しては兄としての自負を持っていた。だから、ひれ伏すということに混乱する思いであった。

そう思ったとたんに、霊は、

「お前は増上慢だ。自分さえ良ければそれで良いと思い、自分の地位や経済のことしか考えていない。お前のやっていることが正しいと思うのか。お前のような偽善者は人間の屑だ」

とそれは大変な叱りようであり、

「信じなければ、お前の今までの不調和な行為を皆に聞かせてやろうか」

というのであった。

「お前は、十八歳のときに片想いをしたことがあるだろう。名は佐藤という女性だ。その女性はお前に親切にしてくれたが、お前はその女性には恥ずかしがって何もいわなかったろう」

そのものずばりである。このことは私以外に知らないことだし、誰にも語ったことのない少年時代の思い出のひとこまであった。

「あの頃の純真な美しい心をお前はどこへやったのか」

と私の心のなかを刺してくる。もうどうすることもできない。

「まだいってやろうか」

と念まで押すのである。プライバシーの侵害もここまでくるとどうにもならない。私は、

「はい。私の人生における今までの行為は、私が一番良く解かっています。悪い点はなおしますから許して下さい」

と義弟にひざまずいて詫びたものであった。

しかしさらにワン・ツー・スリーは、

「今のお前の心は、口惜しさで一杯なだけではないか。自分を改めるというが、心からの言葉ではない」

とさらにきびしく批判するのであった。

義弟の芝居にしてはできすぎているし、もはや私自身信じなくてはならないという決心がついたのである。その瞬間、

「信ずることは当然のことだ」

と、思ったことが返事となってはね返ってきた。全く、どうにもならない。私は決心をして、ワン・ツー・スリーに、

「私を守っておられる方はどなたですか」

と勇気を持って質問をすると、

「話をしてみたいか」

と訛りの強い日本語で、やさしくいってくれ、

「それではしばらく待て」

といった。そして一分くらいしてから、

「フワン・シン・フワイ・シンフォー」

という霊が義弟を支配して、語り出した言葉は、今度は中国の古いそれのようであった。

すっかり度肝を抜かれてしまった私は、この方の名前がなかなか憶えられない。

そこで、

「もう一度、お名前を教えて下さい」

と二、三回くり返すと、

「この馬鹿者め、お前のような愚かな者と語るのはやめだ。この馬鹿者め」

と丁度中国人が文法を度外視して片言の日本語を使うような言葉で、私を叱った。

それは、とりつくしまもない状態であった。

守護霊という仕組み――ワン・ツー・スリーの出現

七月三日を境にして、私は食事がのどを通らない状態となった。その上、今夜のように外人の霊に叱られて、失意のどん底に突き落とされ、私は今までと異なり、空気の抜けたような男になり果ててしまった。

普段の仕事も手につかず、従業員から仕事のことを聞かれても上の空だ。精神的ショックとはこのようなことだ。

今までの人生で、思ったこと、行なってきたこと、また現在思っていることまで批判され明るみに出されたら、それは自分であって自分ではなく、常に他人が心のなかに同居して、その誤りをきびしく糾されているようで、やり切れるものではなかった。

私は、三十二年間深く探し求めてきた〝もう一人の自分〟が、このような結果になるとは想像してもみなかった。

七月八日の夜がきた。

私が会社の仕事をすませて九時頃帰宅すると、義弟はすでに応接間で私の帰りを待っていた。

ワン・ツー・スリーや他の霊が入れ換わり立ち換わりその肉体を支配している様子である。

私と顔を合わせるなり、

「私は、ワン・ツー・スリー、あなたは今まで何をしていましたか」

といった。義弟が、今までのように瞑想しなくとも、意識を支配してしまっている。

「はい、私は浅草の建設現場で打ち合わせをしておりました」

と私は答えた。するとまた雷を落とされた。

「あなたはまた嘘をついている。現場には昼までしかいなかったはずだ。それから役所に行き、時間があったので暇つぶしにパチンコをやり、ハイライトを三個持っているはずだ。なぜ嘘をつくのか」

ワン・ツー・スリーは訛りのある言葉で、そう私の心を見通す。心の自由や行動の自由などあったものではない。

「はい、その通りです」

と答える以外にない。どちらが社長か従業員か解からない。姿は義弟なのだ。しかしどうにもならない。追及はまだ続く。

「それからどうしました」

「約束をした友達と打ち合わせに出かけました」

「どこへ行ったのか」

「はい一杯飲みに行きました」

と答えたが、私は打ち合わせをかねて友人の指定の料理屋で芸者をあげて仕事から逃避をしたのであった。つき合いで、得意先の希望であった。どうにも避けられなかった。だが、行ったことは事実だ。

ワン・ツー・スリーは、このときの芸者の名前から、私の考えまで、家族の前で指摘した。私は、嘘はつけないと、このときほど実感を持ったことはなかった。

私の最後の悪あがきかも知れない。

もうどうにでもなれという気持で、ソファーに腰を下ろして、私は、一時思うこと考えることをやめようと思った。

「見ざる　聞かざる　言わざる」のことわざのように考えたが、それも解かってしまうのである。家族もこの様子をすべて見聞きしている。

そのうちに、昨夜始めて私を護っているといわれたフワン・シン・フワイ・シンフォーが、ワン・ツー・スリーと代わって、さらに聞きとりにくい言葉で私に語り出した。

「私はお前の守護霊だ。お前とは前世において友人だ。仏教を学んだ仲間でもある。私は、お前が地上界に生まれたときから守護していたのだが、お前ほど世話をかけた男を見たこともない。お前も人間らしく修行すれば、この男と同じようになれるのだ。今までのような心構えでは地獄行きだし、お前の家庭も会社もすべて分解してしまうだろう」

きびしい言葉遣いであったが、私を守護している霊らしい。

「前世で友人であった」というが、私には全く記憶はないし、何か夢のような気持であった。

私は日本人なのに、なぜ外人が守護しているのか私には解からなかった。

「守護霊とはどのように護っているのですか」

とおそるおそる質問すると、シンフォーは、

「お前の善なる心の在り方を、お前の心のなかで指導しているのだ」

という。そして、

「本来ならお前の守護霊などしたくもないが、約束をしたから護っているのだ」

ときびしい言葉を吐く。私は恐ろしくて何か有難迷惑にも思えるのであった。しかしシンフォーはさらに続けた。

「他の霊と代わりたいくらいだ。約束をしなければ私がやるべきではないが、お前のような人間を護るには、きびしくやらねば仕方がないから私がやるのだ。今日から三日間の余裕を与えるから、悟れ。宇宙のどこへ逃げても、また死んでもつかまえてやるから覚悟して悟れるようにしろ」

　生きていても死んでもつかまえる、という。まさに生きながらの地獄である。

「悟れ」といわれても、何を悟って良いのか解からないし、この謎をどう解くかも解からない。

　遂に三日目の最後の十二日がきた。

三日間、私は〝悟り〟を考えてみたが解からない。妻は、心労する私に、

「お父さん、今までのような元気のあるお父さんになって下さい。そんなに考え込んでも仕方がないじゃありませんか。子供達や従業員のことを思ったら、そんな弱気になってはいけませんよ」

そういって励ました。私はその言葉に力づけられたが、受けた心のなかの傷はどうにもならなかったし、悟らなくては、家族は分裂、会社も分裂するかも知れない。ワン・ツー・スリーやシンフォーの今までの言葉はいつも間違ってはいないから、もしや一切の財産やら何やらが分解してしまうかも知れないという、大きな不安を持っていた。

私は、最善の道を選ばなければならない。

守護霊がほんとうにいるのならば、何とかしなくてはならないと、私は心中焦ったがどうにもならない。角力(すもう)なら土俵の俵に押し込まれ、突き出される寸前だ。うっちゃるか、負けるかの瀬戸際である。

私は、守護霊への疑問を、高野山の修行僧に聞いてみたが、僧は、

「そんな馬鹿なことは聞いたこともない」

という。とり合ってもくれない。

七月十二日といえば、お盆の入りである。寺はかき入れどきで僧は多忙である。

しかし私は何とかしなければならないと思い、上野の寛永寺の門を叩いた。そして受付の係に、

「この寺で一番偉い方にお会いしたい。これこれこのようなわけで、どうしても救っていただきたいし、教えていただきたいのです」

縋るような気持で哀願した。暑いときで、身体は汗でぐっしょりである。私の頼みがあまりにも熱心なので、その僧は奥に行き、了解を得てきて、

「五分間ならお会いしても良いそうです」

と返事をくれた。

奥殿に通された。そこには、小柄な人の良さそうなお坊さんが、机に向かってむずかしそうな本を書いていた。

左手の腕に、冷やした手拭いで湿布をしている。私は、ああ、手が痛いのだな、と思った。

すると、すっと落ちついてきた。

すすめられるままにそのお坊さんの右側に座ると早速いった。

「実は今、私の家に霊的な現象が起こり、外人の守護霊といわれる方が義弟に出て、私達の心のなかをすべて見通します。私は、三日間で悟れといわれ、何が何んだか解からず大変苦しんでおります。どうかお教え下さい」

僧はそれを聞くと、書いている手をとめ、私の顔など見ないで、古宇田という名刺を出し、

「そのようなことは私には解かりません」

と期待はずれの返事をした。

解からない人に聞いても仕方がないと思い、私は辞去しようとしたが、せめてお邪魔をしたのだから、古宇田老師の痛む手だけでも治して上げようと考え、いった。

「手が大分お痛みのようですが」

「そうなんです。四、五日、神経痛が痛んで仕方がないんですよ」

老師は、言葉少なく、右手で原稿を書きながらそういった。私は気の毒に思い、

「良かったら、私が今その痛みをとってあげましょう」

と申し出た。老師は私の顔を不思議そうにのぞき込み、そんなことができるのだろうかと思ったようであった。

私は、腕の上の手拭いをとり去ると、心から神に祈り、その手をとって一念力を集中すること五分ほどで手を離した。すると、

「ああ痛みがなくなりましたね」

と老師は嬉しそうに顔をほころばした。

結局五分間の面接が、四十分くらいになりいろいろな話をしてくれた。老師は、千葉の中山寺に行けば解かるかも知れない、と教えてくれた。私は落胆したまま辞去した。

この後、私の著書を差し上げた縁により、延暦寺の今は亡き即心周湛（つしましゅうたん）座主にこの話をしたところ、古宇田老師を紹介してやろうといわれていたが、会う機会もないままに老師は他界されてしまった。が、これは後の話である。

私は寛永寺を後にすると、すぐタクシーで中山寺に行った。

だが、ここでも私に納得のゆく答えは得られなかった。

私は中山寺の山門に腰を下ろして考え込んだ。鳩が足もとまできて遊んでいたが、私

はそれも気にならないほど思いに沈み、自分自身のことを反省した。

――ひとりよがりな考え方、欲望のとりこ……たしかに、今までの自分はそうだった。そうだ、もう地位も名誉も捨てよう……死んでも良い……。今、義弟を支配しているワン・ツー・スリーやシンフォーは、あるいは悪魔かも知れない。言葉が良く通じないせいもあろうが、一週間のこんなきびしい折檻は、慈悲と愛の権化ともいうべき神の仕業であるはずがない。神が弱い人間をいじめるはずがない。太陽は、どんな悪人にも善人にも平等に暖かい光を与えているではないか。そして何の不満もいわず常に変わりがない。これこそ、神の慈悲であり愛だ。今夜は、たとえ死んでも良い、家庭や会社が分裂しても良い、もし彼らが悪魔であるならば、私が善意に変えてやろう――と。私は一大決意をするのであった――。

初めてきた中山寺であるが、今は自然の景色を見る余裕もない。下総中山という地は、平和相互銀行社長の小宮山氏の招待で二、三度きたくらいで、この門前も通ったことしか記憶にはない……。

私はようやく心も落ちつき、ワン・ツー・スリーやシンフォーとの対決しか、考えにはなかった。

私は、京成電車に乗り、日暮里で国電に乗り換え二時間近くかかってわが家に帰った。

一切の執着を捨てて何ごとにでもぶつかるのだ。その結果がどうであれ、最善を尽くそうと決意した気持は、何ともいえず清々しいものであった。

私の心のなかは、すでに彼らに読まれているであろうが、それもかまわない。三日間苦しみ抜いたが、私には、すべてを捨てる、それしか結論も、ゆくべき道もなかったのである。

しかしそれは、自棄的な気持ではなく、流れのゆるやかな水田に映る月のように、丸い豊かな気持であった。私のなかには、おだやかさがよみがえってきたのだ。

私は、今や生死のこだわりもなく、恐怖の心もなく焦りもなく、静かな心境になっていた。それは、未だ体験したこともない、静かな心の境地であった。

外見だけを飾ろうとし、内部は混乱して道を失い、刹那刹那の生活をすごした今までの自らの人生の在り方を反省したとき、私の姿は何ひとつとりえのない汚れ切ったそれでしかない。

感情のままに生き、理性を失い、本能のままに堕落の道を歩み、僅かな知性で人生を屁理屈でですごそうとしていた醜い私の姿。

それは執着の塊りであった。私は、偽善者でもあった。

感謝の心を失い、奉仕の行動もなく、口先だけでごまかしていた人生、私は本当に下らない男、人間の屑であった――。

美しい人間のありのままの姿を、わざわざ泥沼に落とし込んで苦しみを造り出していたことに気づいた私は、清々しい気分を味わうことができた。

家に帰り、妻に今の心境を、

「今晩は殺されるかも知れない。どのような現象が起こるか解からないが、私はもう大丈夫だ。今日まで苦しんできたが、今からワン・ツー・スリーやシンフォーと対決をして、もし悪魔なら善に変えてやろうと思う」

と語った。

すると、私の心のなかから、シンフォーの声がした。それは、

「今のような心を忘れるな。謙虚な心、執着を捨てた心、そして自信というものは、中

道を心の物差しとした、自らの智慧と勇気と努力のなかから生まれるのだ」

と語り出した。

ああ、やはり私の心を知っている、と私は思った。今私に、胸からこみ上げてくるようなこの現象は、誤りもなく義弟と同様な現象であり、出てくる言葉は、シンフォーの訛りのあるそれであった。

妻は、

「お父さん、しっかりとした気持で再出発をしましょう。こんなことで負けてはならないと思います」

と言葉少なに語ったが、私の自信のある言葉にほっと安堵したようだ。

私の心のなかで語りかけてきたシンフォーの言葉は、真実の声だ。私は、人生の視界が、何かはっきりと開けたような気がする。

しばらくすると、義弟が帰ってきた。義弟はすでに私の心のなかを知っていた。

ワン・ツー・スリーが、義弟の口を通して、私の心のなかで語りかけてきたシンフォーのいった言葉と同じことを伝えたのであった。

「今晩はお前の心が正しく変わったことで、実在界（天上界）では光に満たされ、お祝いがある。こちらでもお祝いをしよう」

相変わらず癖の強い外人訛り。しかも今までとは違って、その言葉は、非常に優しく慈愛に満ちていた。そして、

「今後もこの心を忘れないで欲しい。悪を善に変えてやろうという、慈悲の心が大事なのだ」

ということを、具体的にじゅんじゅんと説かれるのであった。私はじっとそれを聞いた。私のここに到った道程は、たとえばこんなことであったろう。

いたずらの子供が、親の注意に全く耳を傾けず、悪いことばかりをしているとしよう。そして成長してもわがままを通し、父の残した大きな仕事をなしとげなかったら、生活の危機に見舞われ、迷惑するのは何万という従業員である。

それでも息子は道楽を続けている。としたら、それは慈悲深い父の心を踏みにじることであるし、自分の責任も果たせないであろう。

さすれば父は、あの世から心配して夢のなかで息子にきびしい鉄槌を加え、その使命

の重大なことを説く。息子は遂に自ら自覚し、眼覚めて多くの従業員に希望を与える――。

このように、私達の守護霊の働きかけや、自らの努力によって、新たな問題を追求しているときに、実在界の光の天使達は霊感を与えてくれる。

私達を導いてくれる指導霊達が、常に次元の異なった世界から私達を見守っている、ということを忘れてはならないのだ。

私の場合、〝もう一人の私〟を追求して三十二年、遂に目的の一幕が開かれたのである。そして私は、それをあまりにも身近な、自分自身の心のなかに発見することができたのである。

その後義弟には、アインシュタイン博士の霊が出、極微の世界と極大の世界について、その関連をしばらく説明し、人生の不変的な問題について説明されて行った。

「自然の法則こそが人間の在り方を教えている」と説き、「疑問と解答の結果、神理に到達して行くのだ」と教えられるのであった。

「神理は、神の意志であり、心だ」ということをである。「自分の心と神の心とが調和されたときに、本当の神の子としての自覚が生まれるのだ」という。

「調和は、自らの正しい基準に則した心と行ないの積み重ねのなかに完成されてゆくものだ」

「思うことは、善と悪の原因を構成するから、すでに心の世界で現象化されるのだ」「行為は二次的現象である」とも説明されるのであった。

神理に関しては、フワン・シン・フワイ・シンフォーがくわしく説いてくれたのであった。約一ヵ月くらいの間に、このような人生百八十度転換の道を歩まねばならないような霊的現象が起こり、私の心は、完全にクリヤーされて行ったのであった。

七月末頃まで義弟を通して語っていた、次元の異なった世界からの通信は、使命の一段階が終わったのか、送られてはこなくなってしまった。

念のため、義弟は、東大病院神経内科で精密検査を行なったが、勿論別に何の異状も認めらなかった。

しかし、代わって、私の耳もとや家のなかからいろいろな現象が起こり、私に対しての教えも、守護霊や指導霊達から直接行なわれるようになった。

私の守護霊フワン・シン・フワイ・シンフォーは、義弟は、暗い不調和な想念に包まれていた私達に精神的ショックをほどこして、反省の機会を与え、私の探し求めていた〝もう一人の私〟を実証するための使命を持っていたのだ、と教えてくれた。

まるでそれは、ショック療法の一つのようであった。

また指導霊のワン・ツー・スリーは、正しい人生の在り方と、神の子としての証について、私に本を書くことを指示したものであった。その内容は、宇宙と生命の関連。人間はなぜ生まれてきたのか。そしてその使命は、この世とあの世の成り立ちについて記述することだ、といった。そして、協力する、ともいった。

八月に入ると、心という問題をくわしく説明し、「苦楽は心が造り出していること。意識と心の関係。肉体との次元の違いについて。つまり現世においては、不二一体となって地上界に適応した肉体舟が神の意志によって本能として与えられ、子孫に受け継がれて行っているものなのだ」と教えてくれるのであった。

「魂すなわち意識は、肉体舟の船頭さんで、死は、現世の肉体舟からの下船であり、肉体舟と同体になっていた新しい光の肉体舟が分離して、私達の世界に還ってくるのだ」

という。

私達の世界というのは、永遠の世界、あの世ということであった。

「そして君達が地球上に出るには、肉体舟の先祖と魂の先祖によってお互いに約束され、転生輪廻の過程において、造り出された不調和な心の歪みを修正し、新しく、地球上における学習を目的としていることだ」

さらに、

「君達が神の子としての自覚に立って、平和なユートピアを完成し、神の体の大調和を建設することが人類の使命なのだ。本来、私達の世界からすれば、地球は一つであり、人類は皆兄弟だということを悟っている。私の国、あなたの国ということは、地上界の人類が造り出したものなのである」

「また文明の進歩も経済的社会も、人間の生活が造り出したものであって、不変的なものではない。しかし人類は、その自らの造り出した経済文明に支配されて神の子たる自覚を忘れ、闘争と破壊の歴史をくり返してきたのである」

「人類のための物質経済か、物質経済のための人類か。人類は今こそ考えなおさなくてはならないだろう」

シンフォーは、このように通信してくるのであった。シンフォーは続ける。

「諸君の魂の内なる想念、つまり思うこと考えることが、中道を心の物差しとして生活をし、常に反省的な瞑想をするときは、自らの暗い心の曇りを晴らし、神の光によって覆われるのだ。万物に平等に与えられている慈愛に満ちた、神の光にである」

「そのとき君達の心は平和で安らぎ、執着という苦しみから解脱することができ、私達の世界から霊感が与えられるのである」

「恨みや妬み、そしり、憎しみ、欲望の心といった自らの想念は、暗い曇りを造り出して神の光を遮ってしまうのだ。その心は暗い世界の不調和な霊達に通じ、苦しみは自ら造り出してしまうということを知らなくてはならないだろう。光に満ちた世界に住するのも、暗い世界に住するのも、この世で生活しているときの自らの心と行ないの在り方によって、自らの想念が造り出すということである」

私は、これらの言葉を聞いて、一ヵ月前はあらぬ方向への研究をしていた、ひとりよがりの判断をして苦しんでいたが、今は心のなかもすっかり晴れて、探し求めていた〝もう一人の自分〟の解明もはっきりと目鼻がついたような気がした。

九月十八日――妹に出た観世音菩薩

九月十八日、昼中はまだ残暑がきびしかったが、夜ともなるとすでに秋の気配があった。私は、妻や義妹達と、七月、八月に起きたことなどをいろいろと話し合っていた。そのときであった。ソファーに座っている妹をふと見ると、うしろにインドのピンク色のサリースタイルをした美しい女性が、蓮の華のようなものを左手に持って私に頭を下げながら笑っている。

王冠のようなものを頭に乗せ、その回りに金色の光が淡く丸く現われ、何ともいえぬ優美な姿で立っている。

私は何度もわが目を疑ったが、間違いなくこの世の人間のようにはっきりと見えるのであった。

しかしこのことを話しては、皆驚くのではないかと思い、また錯覚であっては大変だと私はそのまま黙っていた。

翌十九日の夕方にも、また間違いなくそれが、妹のうしろに見えた。

私は妹を呼び、ソファーに腰を下ろして貰い、

「あなたも心を調和すれば、実在界の光の天使とお話ができるかも知れません。合掌して心を調和して下さい」

というと、妹の身体が腰かけからふわっと浮くようになった。妹は驚いて、

「私、怖いからいやだわ」

と拒絶した。だが私は強く頼み、

「もう一度心の調和をして下さい」

といった。すると、うしろに立っていた美しい光に覆われたインドスタイルの女性が妹の身を支配するのであった。

だが、支配はしたものの、インドスタイルの美しい女性も、地球上の肉体を持っている女性を支配するのは初めてなのだろうか。妹の肉体と調和できないようだ。肉体と光が何かぶれている。

しばらくすると、その女性は、

「私は観世音菩薩と呼ばれている者でございます。しばらくでございます」

とまことに丁重に挨拶をした。妹の声とは全く違う声音である。

私は、しばらくでございますといわれても、こんな高貴な観音様から挨拶されるいわれはないので、信じられない気持であった。

「一寸（ちょっと）、この肉体を持っている方と調和ができないので、私も変な感じがしますのでこのままで失礼させていただきます」

とこれまた生きている人より礼儀正しく語った。私は、心のなかまで驚きと喜びで一杯であった。

観音様は、そのまま妹の横に出て嬉しそうに笑っている。その隣には、キリスト者のような、灰色の長い古代のスタイルをした外人の女性もおり、観世音菩薩と笑顔で話し合っている。

私は、この世とあの世が同居しているような気がして、何か夢でも見ているのではないかと何度も自分の足をつねってみた。

だが、これはたしかに現実であった。

妹も驚いて、

「不思議だわ。私に観音様が入ると、私の今の肉体が観音様の膝の上に小さくなって、合掌しながら大きな観音様を眺めているのよ」

その実感を語るのであった。何かぬくもりがあり、何ともいえぬ安らぎの気持になる、というのであった。

この日を境に、妹は、三日間大きな観音様の膝の上でぐっすりと眠ったそうである。

そして、心眼が開かれ、地獄界から天上界までも自由に行くことができるようになり、魂なる不変的意識の、転生輪廻を悟るようになったのであった。

私の前に古代のエジプトのスタイルをしたクラリオと呼ばれる光の天使が立った。

そのとき妹は、

「ああ懐かしいクラリオ様、私は村娘アシカ・ミヨターでございます。しばらくでございます」

といつの間にか、古代エジプト語で語り始めたのである。

「クラリオ様が私の家の前の小川の土堤の上でお休みになっていたとき、私はほころびた袖をつくろって差し上げたことがございます。本当にお懐かしゅうございます」

とBC四千年も前の過去世を思い出し、妹はクラリオに話しかけるのであった。この村娘は、その後クラリオの弟子として、神の子としての道を、エジプトを中心に教え導いて一生をすごしたそうである。

さらに今から一万二千年前、アトランティス帝国時代にはフェロリアという女性で、アガシャー大王のもとで、神に仕えた人であったことも思い出したのであった。

またBC五百六十年頃、マガダ国、ガランダ村の長者の息女カリナという名家で生まれ、ゴーダマ・ブッタの比丘尼として一生を送ったということも語った。

この頃はわが儘で、出家したのに家に逃げ帰ったりするなど、相当心が乱れていたようであった。

二世紀にはイスラエルに生まれ、さらに五世紀頃には林蔣という名前で中国に生まれ、多くの病める衆生を済度したという。

妹は、転生輪廻の過去世を、そう語ったのであった。

〝もう一人の私〟の謎は、肉体から抜け出した自分自身で、あの世に帰るときの、新しい肉体（光子体）を持った私であるということが解明されて行った。

中道という心の物差しで、幼いときからの誤った想念行為を反省し、その誤りを神に詫びて修正し、瞑想しているともう一人の私が身体から抜け出して行くのである。

心の曇りがなく調和されているときは、私の身体の周囲は、光によって満たされ、光のドームのような光明が、次元の異なった世界まで通じている。

このドームのなかを通過するときは、耳もとで風を切って行く音が聞こえてくる。近所で亡くなった人々が途中まで私と一緒にきたが、いつか他の国へと消えてしまっていた。

ドームを抜けると、大自然が美しい、若葉色の草木が茂っている野原のような場所に出る。言葉ではいい現わせないほどの絶景だ。

空は澄んで青く、柔らかい黄金色の太陽、すなわち神の意識が輝いている。これは天上界からこの現象界、地獄界にまで与えられているが、地獄界は想念の曇りによってこの光をさえ切って薄暗い世界を造っている。

また、〝もう一人の私〟は鐘の音の波動に乗ることもできる。鐘を打った人の心の状態に比例した世界に行くことができるということである。

義兄が亡くなったとき、日蓮宗の坊さんが経を上げた。その音の波動に乗ってみると、この現象界から外へ出られないで、空中だけしか回れなかった。

不思議なことに、音も粒子であり、その粒子が波動となって伝わって行くことも発見した。

肉体から抜け出した〝もう一人の私〟は、現世のエジプトに行ったこともあった。

空中から風景を見ながら、都会の名前が解からなかったため、駅の近くには表示があるだろうと思って駅を探した。

すると、その駅には、ローマ字とエジプト語で、カイロと記されてあった。

このように、心が調和されれば、見たいと思う場所に肉体から抜け出して行くことができるのだ、ということが解明された。

印度にもたびたび行き、石窟寺院の壁画を見てきたこともあった。

私の指導霊ワン・ツー・スリーは、私達の肉体から抜け出した〝もう一人の肉体舟〟は光子体であるということを説明してくれた。

十月十七日。妻は常々、

「私は信仰などしたことがないから、霊的な現象はできないわ」

と話していたが、私はその日、妻のそばにも印度スタイルの美しい女性が立っているのを見た。

薄桃色の絹織物のサリーである。それは、まるで生きた仏像のようであった。

私は妻に、

「お前も、屋上へ出て今までの人生を反省して心の調和を計ってみたら」

といった。妻は素直に、夜十一時頃から二時間ほど心の統一を計り、心の曇りを晴らした。

そして、十月二十三日の夜であった。

古代印度のスタイルの女性が、黄金色の柔らかい光に覆われて立っている。

「私の出番のようです、おほほほ」

とその人は笑って立っているのだ。私が、

「妻の肉体を支配して下さいますか」

というと、一、二分で妻の身体を調和して、

「はい、私はマイトレイヤーと呼ばれた印度の時代、ゴーダマ様のお弟子でございました」

と流暢な日本語で語り出し、感激のあまりか、大粒の涙を流し両手を前に出し、頭と身体を畳にすりつけて挨拶するのであった。

それは、妻であって妻の姿ではない、完全に印度の女性に見えたことであった。

名前をいわれても私には解からないが、印度の古代語を語り出し、妹とともに、二千五百六十年くらい前の、ゴーダマ・プッタの時代のことを思い出して語り合うのであった。

「カリナ様、しばらくでございました。ジャブ・ドバーのケントマティーでお会いできて嬉しゅうございます」

「本当に、お話できてこんなに嬉しいことはありません。この女性が、調和がとれなか

ったので失礼いたしました」

「いいえ、私も同じでございます。肉体を持てば、皆、自分を忘れてしまうのでございましょう。カリナ様もよろしくお願いいたします」

「私こそよろしくお願いいたします」

その二人の姿は、本当に懐かしそうで、また嬉しそうであった。

私達の意識のなかには、丁度ビデオやテープと同じように、いやさらに精妙に、一切の転生輪廻が記憶されているのだ。

この出会いは、本当にすばらしいことだ。私も出る涙を押さえ、心のなかは嬉しいというしか形容できない気持であった。

私達の心の曇りが、反省的瞑想によってぬぐい去られて行くに従って、神の光に満たされ、神なる子としての心の窓が開かれて行く。

そのときに、私達の守護霊や魂の兄弟達や指導霊が、偉大な霊感をひもといて下さるのだ。

私の守護霊はまた語る。

「この霊的な諸現象も、私達の転生輪廻の過程に、人生の体験を通して学んだ努力の積み重ねによって現象化されるもので、この世だけでは完成されないのだ。そして、現在諸君の思っていることと行なっていることは、過去の転生輪廻の過程において造り出してきたものの総計だといえよう」

「ただし、人間の地位や名誉、経済力については、人間の生活の知恵が造り出したものであり、自らの心が造り出したものではない。それは、神の光を受ける基準にはならないということだ」

「イエス・キリストは、イスラエルに生まれたときは、大工という職人の子供としてである。つまり人は、生まれによって聖者になるのではなく、正道の実践の積み重ねによって悟り、他人が聖者と呼称するのだ」

「聖者は、偉大なる智慧と勇気によって、最善の努力をし、すべてに足ることを悟り、一切の執着から離れ、迷える衆生に愛の手を差しのべ、救済して、太陽のように暖かく、広く大きな心で常に謙虚、人類は皆兄弟だということを悟っているのだ」

そして、

「神の名を語る偽善者に気をつけよ。彼らは自らの心を悪魔に売り、言葉巧みに人々に近づき、不調和な霊域を造り出す。いうことと行なうことに大きな矛盾があり、足ることを忘れ、自らの懐を肥やし、他人にへつらい、増上慢な態度で終始する。神の罰というおどしで人々の心に足枷をはめ、自由を奪う者達だ」

と宗教家と自称する指導者への警告をなすのであった。

このように、私には、探し求めて三十二年、遂に解明への糸口がはっきりとつかめたようだ。

偉大なる魂の実存、不滅の世界、今から自らの生活行為を中道の心に調和し、より霊域を高め、光明の世界へ前進させる決心が、次第に私のなかに固まって行く。

家庭内の空気は一変した。

神理の記録をつづる

やがて、この話が外部に洩れ、来訪者があとを絶たなくなった。

九月十九日頃から、Ｓ計理士がこの現象を見て、友人のＫ氏を紹介してきた。この二人は信仰深く、外国の文献なども良く調査しているようで、なかなかくわしい。妹の口から、Ｋ氏の肉体先祖のことや故郷新潟の実家の諸問題について語られて行った。

また生命の転生輪廻の実相が、具体的に説明されて行くのであった。土曜日の夜は、集まってきた同志達に神理の言魂を説き、心が洗われて行く。しかしなぜわが家にばかりこの現象が起こるのだろうかと、私はまた疑問を持ち始めた。

そのとき、守護霊は、

「核という物質がなくて、形は成り立たないのだ。たとえ果物でも実と果実からできている。種も一つから成長して、実を作りまた次の時期に増えて行くだろう。イスラエルに生まれたイエスも、印度で生まれたゴーダマも核であり、この核から正法が生まれ、その道が人々の心に芽生えたのだ」

とすぐ私の口から語り出した。

すでに、私のなかで、守護霊の存在は動かしがたい事実であった。

また私の守護霊が、妻や妹の意識を支配しても、全く同じ結果が出てくるというのだから、否定はできないことであった。

私は、守護霊から、神理の記録を一日も早く完了することをいわれ、日中は会社、夜は原稿書きと、大変多忙な毎日が続いた。

これは、心の教えである。（拙著『心の原点』参照）

神理の骨子が完成したとき、私は、私の指導霊、ワン・ツー・スリーに聞いて批判を願った。

私の眼の前には、光明に満ちた光の天使達が、印度やエジプト、中国の古代人の服装で着飾った姿で現われ、はっきりと私の朗読に聞き入っていた。

ワン・ツー・スリーは、二米（メートル）以上もある大男で、古代エジプトのスタイルをした立派な方である。その方が、大粒の涙を流して私にいった。

「私の使命は終わりました。四十二年間、指導霊として今日まで大変でしたが、もうあなたは大丈夫だ。何だか淋しいような感じがします」

外人訛りの日本語は、涙にむせんで声にはならなかった。

私も、感激で胸にこみ上げてくるものをとめることができない。

ワン・ツー・スリーのそばにいた、若葉色の、中国風の法衣を着けた僧侶が、

「こちらの方は、ＢＣ百三十年頃、エジプトで活躍された、モーゼと申される方です」

と、私に、ワン・ツー・スリーが別の名であることを話した。

そして、フワン・シン・フワイ・シンフォーは、ＢＣ三十二年、イスラエルに生まれたイエス・キリストであるという。私には信じられない夢のような話であった。

フワン・シン・フワイ・シンフォーは、

「お前にイエスだのモーゼだのといえば、聖書やユダヤ経、十戒を読みあさり、塵と埃りにまみれた現代版を、そのまま暗記してしまうことを考えたからだ」

そして、旧来の陋習を破ることだといわれ、なるほど、私の性格なら砂漠が水を吸うように、おそらく聖書や十戒を読みあさったことであろうと思った。

それは、まことに慈悲深い話であった。

私が、われに返った瞬間に、眼の前にいた光の天使達の姿は、消えて、いつもの応接

間に返っていた。

全く宗教などには関係のない不勉強な私が、このような現証、文証、理証という動かしがたい事実に逢着した。

これは、常に指導霊や守護霊の協力によるものであった。

まことにありがたいことである。

私は、いかなることがあろうとも、人間らしい人間になって、真実のものを求めて行かなくてはならないと思い、そのことが、心のなかに焼きつけられたのであった。

(霊的現象によって得られた、心の教えの解説は、『心の原点』において詳説)

フワン・シン・フワイ・シンフォー——過去世と現世

一九六八年十月三十日。

霊的現象が起こってから記述してきた、大自然と生命に関して、私は指導霊の意見を聞くことになった。

私の眼の前には、ワン・ツー・スリーが立っている。身長二米(メートル)以上もある大男であり、両腕に金色の腕輪をはめ、頭にはやはり黄金色の戴冠（テイカラー）をかむっている。

まるで、古代エジプトの王様のようだ。

顔色は血色が良く、見るからに勇壮である。

もう一人の、フワン・シン・フワイ・シンフォーと呼ばれている守護霊もそばに立っている。

あごひげを短くのばした、血色の良い、一米七十糎くらいの、やはり古代エジプト人のスタイルをしている。麻のような白色の着衣で、腰を紐でむすび、足首までくるほど裾が長い。

ワン・ツー・スリーは、私の読み上げている人の道を黙って聞き入っていた。

涙を流している姿がはっきりと見える。

ワン・ツー・スリーからも、フワン・シン・フワイ・シンフォーからも、黄金色の柔らかな後光が出ており、何か私は、実在界にいるような気がした。それはとてもこの世の光景ではなかった。

ソファーに腰を下ろしている妻の身体からも同じ光が出ている。

妻の身体と、ワン・ツー・スリーの光とが一つになると、後光はダルマさんのように大きくなり、

「私、ワン・ツー・スリー、あなたの書かれたものは、神の心です。これこそ神理、人間はこのような道を歩まなくてはならない。私、指導霊として四十年近く見守ってきましたが、地球上の肉体を持ってしまうと、私達との約束を忘れてしまう。あなたも同じ、今までは人生の落第者、私いつも心配していました。今、あなた、目覚めました。この心、忘れないことね。指導霊も守護霊も、大分心配した。今、あなた大丈夫、しっかりやること。私もう必要ない。私、苦労した。嬉しいような、淋しいような、私、涙出てくる」

外人訛りのある、日本語が、妻の口から出、ワン・ツー・スリーは涙を流して語るのであった。

それは、手塩にかけて育てた子供を手離す親のようであった。

守護霊のフワン・シン・フワイ・シンフォーも、そばで眼頭を押えていた。

私は、よほど人間の屑だったのだ、指導霊がついていても解からなかった盲人同様の

心ない自分の姿——。

しかし私もまた、胸にこみ上げてくるものをとめることができなかった。

三十二年探し求めてきた、人生の価値を悟った喜び、神は私達の善なる心のなかにあったのだ。

あまりに身近すぎて、解からなかった神の心に、妻も涙を流していた。

欲望の、虚栄の塊りだった私、執着の権化だった私——。

しかし、地位も名誉もお金も要らぬ、死んでもいいのだと、すべての執着心を捨てた七月十二日から、百八十度人生の考え方が変わった。

私の心を包んでいた暗い霧は晴れて、今までの苦しみから脱して行った。

自分の心が造り出していた一切の執着心が今までの人生を狂わせてきたことに気がつき、今は本当に平和な日が続いている。

心の暗い曇りが晴れれば、実在界の光の大指導霊と、このように語り、姿まで見ることができるようになったのだ。

死後の世界などはないという人々に、このような体験をさせたいものだ。

私の心のなかに、いつの日か、人々の心に人間の使命と目的を説くときがこようと、きざみ込まれて行ったものである。

ワン・ツー・スリーは、妻の横に立っているが、隣にいるフワン・シン・フワイ・シンフォーと何か話しているようだ。

シンフォーは、笑いながら私を見ている。私は、その人が、他人ではないような気がした。慈愛にあふれた眼だ。

シンフォーは、ワン・ツー・スリーに何かうながしている。しばらく経ってから、ワン・ツー・スリーは、

「私、エジプトで生まれた、モーゼと呼ばれていた者。ワン・ツー・スリー、私の略称。ここにいる人、フワン・シン・フワイ・シンフォー、二千年前、イスラエルで生まれたイエスといわれた人。あなた、最初、この人の名前、イエスといえば、聖書、暗記してしまう。間違い怖い。今、あなた人の道解かった。初めて、本当の名前伝える」

私には、本当に信じられない疑問が横切った。あまりにもそれは驚きであったから。

すると即座に、

「あなた、信じない、事実私、モーゼ」

と、私の心のなかにひびいてくるのであった。そうだ、おそらく、モーゼだのイエスだのといわれれば、私は聖書を暗記してしまったかも知れない。

これまで、ワン・ツー・スリーは、自分自身で悟らなくてはならないと、私に、たびたび注文をつけたことが思い出される。私は先日のことと思い合わせて、その事実を改めて確認した。

二人は、もう大丈夫ということで、本名を教えたのであった。実在界の光の大指導霊達の慈愛に満ちた心遣い。

盲目のまま苦楽の人生を送る迷い多い人々の心に、人生の意義や価値や目的を悟らせてくれた。それも、子供をあやすように教えてくれたこの指導霊や守護霊に、心から感謝しなければならない。

そのため、私達は、転生輪廻の過程において体験し学んできた偉大な宝庫の扉を開き、意識のなかに記録されてきた神の子としての道を、次々と思い出すことができたのである。

この、神理にかなった心の在り方と生活が続く限り、私達の心には曇りもなくなり、神の光に満たされて行くのだ。

自らの智慧と、欠点を修正する自らの勇気、日々の努力によって、私達は人生への道を高めて行くことができるのである。

その具体的な方法は、八正道の実践にある。

八正道を実践するとき、人間は欲望への執着がなくなり、自ずから足ることを悟って行く。

人生の目的は、より豊かな丸い心を完成し、この地上界に、人々の心と心が調和したユートピアを築かねばならない、ということだ。

人類は、この世を去るときには、地位も金も、一切の財産を持ってあの世に還ることはできないのだ。

もし持ち帰ったとしたならば、これは執着心である。自ら欲望のとりことなって、心の歪みを造り、暗い曇りに包まれて神の光を遮り、きびしい地獄界で反省の機会が与えられることになる。

私達は、あらゆる国々を転生輪廻して、現在があるのである。あるときはエジプトに、イスラエルに、インドに中国にと、人それぞれによって違っている。私達の、潜在されている意識のなかには、その記憶がすべて記録されている。物質や経済、地位といった肉体的条件を除いて、その人の今思っていることや考えていること、自分の長所、欠点が、過去世と現世によって造り出されて行く想念の、総計といえよう。

この記憶のテープレコーダーのスイッチを、私達は自らの誤った生活行為によって入れることができないだけだ。

そして、現在の生活環境は、自らの心を豊かにするための学習の場であるということだ。一秒、一秒の心と行ないの在り方が、私達の意識の記憶室にすべて記録されて行く。やがてこの世を去るとき、私達は、自らの善なる中道の心で、その想念の一切を裁き、未来の国に行く人生の明暗を決定するのである。

死は恐ろしいものではなく、恐ろしいのは、人生航路の中道を踏みはずして生活をした、人々の行為と想念であり、その人達には、それを償わなければならないきびしいつぐないの世界が待っているということだ。

私達は、天上界、地獄界、現世、過去世と、次々に指導霊、守護霊に教えられ、人生の価値を悟って行くのである。

内から外辺へ――実在界とのつながり

一九六八年九月、わが家の霊的な現象は、外部の人々に伝わって行った。

私の親友のS計理士は、非常に信仰心の篤い方で、彼の友人の小学校校長のK氏などとともに、外国の文献などをよく勉強しているグループの一人であった。

宗教学問、ということでは、従って私など足もとにもおよばない。

しかしその人にして、実際に私達に起こっているような現象について見るのは始めてのことのようであった。

人間というものは、何といっても、身近な肉親について消息を知りたがるものである。

K氏がまず、

「私の父は、今どこにいるのでしょうか」

と質問をした。

妹の守護霊のサフィという方は、二世紀頃イスラエルで、夫とともにキリスト教の伝道を仕事として生涯を終えた女性であるが、その方は、流暢な日本語で、今は亡きK氏の父の、生前の性格や仕事、日常生活を、妹の口を通して説明した。

そして、家系的な因果についても話をしたが、すべてK氏によれば当たっているということであった。

しかし、死後の居住については、いずれ解かるときがくるだろうからといって、説明をしなかった。

それからしばらくして、私のそばに大きな身体をしたやはり古代のエジプト人が立った。

この方は、今から四千年ほど前に、神の使いとして肉体を持ち、多くの人々に神の道を教え、救済したクラリオと呼ばれた実在界の光の大指導霊であった。

身体からは、柔らかい金色の光が出ている。

クラリオが、イエス・キリストの生命であることを私に告げていると、妹がクラリオのそばにより、

「私は、エジプトの片田舎カパリで生まれた村娘のアシカ・ミヨターでございます。あなた様は、私の家の前にある土堤に腰を下ろして、慈悲深い眼で私を見られ、そのとき私の足のはれものを神の力で治して下さいました。

私は、あなた様の裾のほころびをつくろって上げ、お弟子になったものでございます。しばらくでございます」

と心のなかに記憶されていた当時の意識がよみがえり、涙を流して語るのであった。

クラリオも、アシカ・ミヨターの言葉に胸がこみ上げてか、古代のエジプト語で語り、大粒の涙を流し、地上での再会を喜ぶのであった。

人生とは不思議なものだ。

転生輪廻の過程を知ることのすばらしさ。誰にも、人間には思い出がある。

私達は、この思い出を、ただ忘れているだけなのである。

こうして、次々と、生命、魂の秘密が、私達の前に、そのベールをはがされて行くの

であった。

私達は、肉体が滅びても、新しい舟に乗ってあの世に帰り、生活が続けられているということがはっきり解かったなら、今の生活にもより張り合いができ、悪いことができないということになるだろう。

私のそばに立っている光の大指導霊クラリオは、今から四千年も前に肉体を持った方であるが、私達の心の眼ではっきりと見えるこの事実を誰が否定できるであろうか。

一般には見えないから否定するとしたならば、

「あなた達は、どんな生活をしているのですか」

と質問を返したい。

自らの心に対しては甘く、生活は欲望の塊り、これでは悟りも開けず、心の眼で見ることはできないということだ。

なぜなら、曇っているときには、太陽も月も私達に見えはしない。

それが見えるようになるには、正道を悟った生活を積み重ねる以外にはないということだ。

心のなかにざわめきがあったり、執着心が強かったり、欲望のとりこになってはならない、ということである。

あたかも静かな水面に丸い月が映るように、それがさざなみ立つと、月の形も崩れてしまう。私達の心の眼も同じだといえよう。

K氏は、今度はあの世の存在について質問した。私の指導霊は、こういった。

「日本語、私達の世界、あの世という。物質世界では、この世という、〝あ〟と〝こ〟の違いね」

何か解かったような、解からないような答えであった。

しかし質問者の心のなかに疑問があることを知ると、即座に、

「あなた達、映画見る。幕、ある。幕、映る人、悲しい話。あなた達可哀そう思う。しかし幕映っている人に通じない。幕の次元、二次元世界、あなた達見える。点の連続、一次元世界、見ることできる。今住んでいるあなた達、三次元、立体世界、私見ることできる。三次元、人間見ることできない世界ある。紫外線、X線、γ線、α線、見えない。赤外線電波見えない。人間、見えない世界いっぱいある。私達世界、三次元世界よりも

っと上、四次元、五次元、六次元……。心、調和、光多い。次元上がる、心広く、慈悲、愛、いっぱいいっぱいある。私達世界、あなた達見える。あなた達、悲しみ、苦しみ自分で造る。私達、可哀そうに見る。しかし話できない、私達、悲しい。ラジオ、電波ある。しかし受けることできない。人間心ない、受ける力ない、私達悲しい。心曇り、私達心通じない、残念。肉体地球持つ。神の子忘れる。生まれるとき、地球上いっぱい人救ってくる。思った人間、解からなくなる。きびしい、本当に悲しい！」

私達の世界より、次元が高次元の世界だという。

私達は、この地上界に出る前には皆そこで生活していた世界だという。

何も解からなくなってしまうのも、生まれてくるときに一切の意識が潜在してしまうからだという。生まれて、意識が芽生えて、徐々に自我が生じてくる。

丸い心に歪みを造り、四次元以降の世界と通信ができなくなってしまう。

つまり私達は、やはり悟りの境地に到達しなくては、実在界や地獄界の実体を見ることはできないということである。

生と死は、常に背中合わせで、原子体という親から受け継いだ肉体と、光子体という肉体は常に一体となっており、いつでも分離できるのだと、指導霊は説明するのであった。

そして、光子体の肉体は、心の眼が開かれない限り現世では見えないのだということであった。

さらに、人間はあの世とこの世を輪廻しているのだと、たびたびくり返し、私達に通信し教えるのであった。

指導霊は、私の耳もとで伝える。

K氏の過去世は、今から二千五百年有余年前、インドの時代、スブティーと呼ばれた、ゴーダマ・ブッタの弟子であると……。

さらに五世紀頃、中国の南支で、大黒天と呼ばれていた人であるとも伝えた。

私が、このことをK氏に話をしようとしたら、私の身体は急に空気が抜けたようになり、うしろに引かれた。

「お前！　教えてはいけない。必ず、自分で解かるようになる」

そういう指導霊の注意であった。私は、K氏に過去世を教えることをやめた。

人間というものは、自らの苦労によって得たものと、他人から与えられたものとでは、それを受けた場合、感激の度合いが違うものだからだ。

K氏のグループは、常に私のところに神理の話を聞きにくる。そのなかから、心の窓が開かれて、その父の死後や、過去世の名前を教えるようになるであろうことを、私の指導霊はすでに知っていたのである。

第三章　悪霊

過去世の姿――転生輪廻の人々

その後、八丁堀の友人宅を、妻や妹と訪問し、心の不変的な神理を、O、N、Iの皆さんに説き始めたときのことである。

偶然といえば偶然、実は、見えない次元を越えた世界の守護霊や指導霊達によって仕組まれていたことであるが、一番不信と疑問を持っていたIが、真先に心の窓が開かれ私達の守護霊の姿を見たのである。

私のうしろにも、印度スタイルの過去世の姿があるのを、家内のうしろにも妹のうしろにも光に包まれて立っている人を、見てしまったのである。

Iは、自分の眼を疑い、何度も眼をこすりながら、しばらく私達の影を眺めていた。そのときに、自分の過去世が、今から二千五百年くらい前、ゴーダマ・プッタの弟子であり、比丘尼であったことが解かったのである。

私達にも印度スタイルの比丘尼がはっきりと見え、妹の口から、

「あなたは、ティカラーと呼ばれていました」

といわれるとともに、Ｉは、ティカラーと一体となって、印度時代の挨拶をしながら涙をとめどなく流すのであった。

それから一年近く、心の調和と八正道の生活を通しての精進が身につき、Ｉは、自分のなかに潜在されていた転生輪廻の偉大な智慧の宝庫を開き、生命の転生輪廻を語り出して行くのであった。

またＮ夫人も、多くの来訪者の一人であったが、神理の話を聞くようになってから、一九六七年五月、転生輪廻の過程を悟り、上段階光の指導霊フリティーの協力を得るようになって行った。

そうした転生輪廻の過程において、お互いに他人同士のように思っていた人々が、実は何億、何兆億万年のうちには、織りなす糸のようにそれぞれが縁によって結ばれていたことが解かり、その縁が語り合われたのであった。

昔から、袖すり合うも他生の縁といわれているが、私達は、その人生航路におけるすべての仕組みが、こうした縁によって成り立っているのだということを、知らなくてはならないだろう。

一九六八年十月頃には、毎土曜日、六、七十人の人々が、興味と神理を求めようと集まってきた。

Kグループ、Oグループが、類は類を呼び、友は友を呼んで、環はふくらみ、さらにMグループも加わってきた。

そして、互いが悟ることにより、実在界の仕組み、人間の転生、心の在り方、生活の意義と魂のグループ、指導霊、守護霊など、信仰への疑問が次々と解かれて行ったのであった。


一九六八年十一月二十四日、午前一時。

私は今までの人生の在り方について、思ったこと行なったことの一切を、八正道という心の物差しではかり、誤っていた部分の原因を追求してみた。

心の曇りをとり除くことが大切だからである。

間違った問題は、すべて中道を踏みはずした両極端の考え方や行ないであった。それはやはり、自己保存、自我我欲に尽きるのである。

誤ってしまった人生に対しては、心から神に詫び、間違いを犯さないことを心中で約束するのであった。

自分の欠点を修正するということは、勇気が必要であるし、五官だけで判断しないように、常に正道である中道を心の物差しとして、思うこと行なうことを実践しなくてはならないのである。

他人から何かいわれれば心を動かし、良い物を見れば欲しがる。心の調和ということは、なかなかむずかしいものである。

このように反省をして、心の調和をはかって瞑想していると、身体がゆれ始め、胸のあたりが暖かくなり、何か盛り上がって、やがて〝もう一人の私〟が身体の前に飛び出すのであった――。

――しばらく光に照らされているうちに、私はドームのなかに入る。光の筒のようななかを、スピードを上げて行く。身体は風を切り、私の耳をかすめて行く。

ドームから出ると、新緑の大地である。それは言葉では表現することができないような美しい光景であった。

私の指導霊、ワン・ツー・スリーが迎えにきた。

真青な空、そこには太陽のような柔らかい黄金色の光が自然界を照らし、安らぎのある光明の世界が展開されていた。

鳥も草花も私を迎えてくれた。

野外の広場は広大で、スロープは無限に続いているようであった。私は背広のままで、堂々と指導霊のあとを従いて行くのである。

そこには、古代の印度やエジプトのスタイルの者、キリスト教の制服を着けた者、現代と古代の人が入り乱れたような万国の人々が、何万となく整然として並んでいた。

私は指導霊の指示に従って、物質と生命という題で、一時間半ほど講演をした。

この地上界のマイクロホンのようなものだが、聞き入っている人々の胸には日本語が自国語に変わる装置をつけてある。私は、現象界では想像もできない装置に驚いた。

私の声は、後光によって覆われている人々の心のなかに入って行くような、伸びのある声量であった。

指導霊は、

「今きたドームは、君達の世界と私達の世界を結んでいる通路といえよう。今いる世界から地獄界にも君達の世界にも続いているのだ。神の光は同じように、今宇宙も照らしている」

と教えてくれるのであった。

生まれて初めての講演であり、私はただ驚いていた。

肉体から脱け出した〝もう一人の私〟の講演が終わるとともに、万雷の拍手を浴びたのである。

――私が、肉体にもどるとともに、震度3ほどの地震があった。私は、われに返り、妻を起こそうとすると、妻は、

「今、私は、あなたの講演を聞いていました。うしろのほうで、各国の衣装を着けた人々が何万と芝生の上に腰を下ろしておりました」

と、私が眼にした情景と全く同じ情景を語り出したものであった。

信じられないような事実が起こったのである。

私の家にきていた人々のなかの、Ｋグループの一人、Ｋ・Ｉも、

「私の守護霊マシェルが、先生の講演を聞いて感激をしておりました」

といった。すでに心の窓の開かれている人々は、すべて、私の講演を聞いていたのである。


さらに、Ｓ・Ｉ、Ａ・Ｋの二人の心の窓が開かれた。

そして、Ａ・Ｋは紀元前五百七十年くらい前、中印度のコーサラ国のカピラ・ヴァーストで、アサジと呼ばれたクシャトリヤで、シャキャプトラー（釈迦族）の一人であると、その守護霊は語ってくれた。

やはり日本語がむずかしいのか、訛りのある言葉で、当時のことをくわしく伝え、昨日のできごとのように述べてくれた。

心の窓が開かれると、人々は、懐かしさのためか、当時のことを話し合い、胸にこみ上げてくるものを押えられない様子であった。

Ｋグループのなかから、このように心の窓が開かれた人が出たため、それぞれの過去

世が、それぞれに、明らかにされた。

新聞記者のH、化粧品会社のH・Eと、自らの内在意識をひもとき、転生輪廻の実体を知り、その五官を通して悟って行った。

H・Eは、自ら人生の疑問にぶつかったため、あらゆる宗教的な文献を学び、教祖という教祖に直接会って疑問の点を追求してきたようである。

コロンビア大学やケンブリッジ大学で学び、外国の宗教も体験してきた人であった。

「求める者には与えられる」

と私の守護霊は、イエス・キリストの言葉をよく教えてくれるが、その点でH・Eは特に懐かしく感じたものであった。

H・Eはそうして人生の目的と使命を悟ったのであるが、印度の釈迦時代、この人はバラモン種のサロモンで、シヴリダと呼ばれていた人であることも解かり、その当時のことも語り出したものであった。

また、その後の転生輪廻でも、一世紀に中近東に生まれ、イエスの生まれることを予言し、神の国が再現されることを教え導いた予言者であったことをも思い出して語った。

二世紀頃には、中国で仏教を学び、僧侶であったことや、さらに日本で越後の武将として肉体を持ったことなどが心のなかに記憶されているとも語った。

地獄界の実態――心の世界の段階

そして私や妻、妹は、毎夜のように指導霊や守護霊の教えを受け、地獄界の実態についても学んで行った。

地獄界は、この地上に生まれた人類のなかで、自分の肉体や財産、墓などに執着を持ち、神の子としての本性を失った人々の行く暗い霊域に包まれたあの世で、自らの心が造り出した心の世界なのである。

その彼らは、この地上界を縁として、心と行ないに不調和を造り出したため、反省しなければならない。その反省の場が地獄界なのである。

この世界にもきびしい心の段階があり、自ら神の子として自覚するまで、きびしい修行が課せられる。

そして、人間はいつの日か、誰でも神の子として自覚し、救われるようになっている。私達の心は常に変化しており、恨みや妬み、そしりの心があれば、即座に地獄界の暗い世界にその心は通じ、苦しみの原因を造り出してしまうのである。

それに比して、慈悲深く、常に自らにきびしく、中道を心の物差しとして生活している人々の心は、光明に満たされ、苦しみの原因を造り出さないものだ。

いずれにせよ、私達の心は、自分の思う世界に通じてしまうため、無限に近いほど変化して行く。中道を忘れた両極端な心は、自ら苦しみの種を蒔いてしまうということである。

地獄界にいる人々の多くは、自らの心と行ないに対して中道を忘れた、勇気のない、欠点の修正をしなかった者達であり、死がすべての終わりと錯覚していた者達である。

しかし、心の世界は厳然として存在しており、そうした彼らは、もはやその世界で、地獄の掟に従う以外生き方はないのである。

病気の人々は、その病気を持ったまま還って行く。

慣性の法則というのがある。電車や自動車に乗っているとき、急ブレーキをかけられると進行方向に身体がのめる。つまり、この法則と同じような現象が、生命においても起こるのである。

死という現象が訪れても、もう一人の自分を確認できるようなら、自らの葬式を見ることができるであろう。

中道の心で暮らして、一切の執着のない者達は、光子体と現世の肉体、すなわち、原子体をつなぐ霊子線が切れても、人生航路の卒業式を悟っている。

この人達の場合は、魂の兄弟達や、光の天使達が迎えにきて、幽界、ともいわれているあの世の収容場に案内される。

他力本願の祈りの宗教、偶像崇拝だけで一生を送った人々は、地獄か天上界かいずれかの世界に行っても、いつの日か、自らの心の目覚めにより、どこに自分の宗教の誤りがあったかを反省させられるということを知るべきであろう。

他力本願で、即身成仏はできないということを、私達は悟らなくてはならないだろう。なぜなら、私達は皆神の子だということだから、そして、肉体舟の船頭は、他人ではなく自分自身であり、自らの心の王国の支配者は、善なる神の子、自分であるからだ。

苦楽の一切は、自分自身が造り出しているのである。神の光を受けるのも遮るのも、自分の心と行ないが決定してしまうことだ。

自らに甘く、お願いだけは神仏にするのは、人間の自分勝手な考えである。

太陽の熱、光はすべてに平等である。

神の光も全く同じだ。拝むことがなくとも、心さえ正しく生活していれば、神の光は与えられているということである。

そうしたとき、守護霊や指導霊が協力して、霊感を与えたり、自然と調和されるようになっていることを知らなくてはならない。

自力更正があって他力本願は与えられるもの、ということを、私達は悟らなくてはならないだろう。

苦しいときの神頼みではない。苦しみの原因をとり除くことによって、心の曇りを払い、神の光を受ける道が開かれるからだ。

文明の発展によって築き上げられて行った日本の現状を考えてみよう。

第二次世界大戦で灰と化した、日本の都会復興には大分時間がかかるだろうと思われていたが、勤勉に働き、経済力においては遂に戦後二十数年で世界の大国になってしまった。

それも労使の闘争により、経済大国にはなったが、大事な心を忘れて、足ることを忘れてしまった。公害という現象によって、自然界を汚染し、さらに心の公害まで造り出してしまったのである。

学問を教える最高指導者までが、混乱した世相の原因がよく解からないという。教育者までが、人生の価値を忘れ去ってしまったのだ。

学校の教育は、語学や自然科学、人工科学のオートメ式教育で、点数さえとれば良いという規格人間の製造所になり果てている。

筆記試験が、その人の価値を決めてしまう。

豊かな心などどうでも良いという、試験さえ通れば式の社会に問題があろう。

心の在り方や生活の在り方など、全く日常生活に関係がないといった方法、人間の基本を忘れた教育が、社会の混乱を造り出しているのだ。

そこには、自己保存と自我我欲の塊りしかないのではなかろうか。自分の地位や権力を、金や財産、家柄でつかもうとする点に問題があるのだ。

学問という知識でメッキされた人間であってはならないのである。

正しい基準を失ってしまった人々の集まりは、混乱と自滅への道を辿るよりほかないだろう。

何のための学問であるか。

人間は根本を失っているのである。

学問は、より豊かな知性を磨き、品性と教養を高め、すべての諸現象を通して片よりのない判断をするとともに、人類社会の大調和を目的としたものでなくてはならないのだ。

それを目的としたとき、文明は人類の幸福を第一義と考えられるようになるし、公害も人類の智慧と協同的な行動によって、なくすことができるようになるのである。

人は今、金さえ貰えればという考え方を捨てるときがきている、ということに気がつかなくてはならない。

あまりにも、人間が文明経済の奴隷になり下がっている。

物質文明によって、人間の生きる道を閉ざしてはならない。

心の曇りもさることながら、大自然を汚染しているスモッグも、太陽の光を遮ってしまうのだ。その結果、人間の生きる道も危険な状態になっていることに気がつかなくてはならないということである。

また不自然な宗教の乱立も、世相の混乱とともに、人々の心のなかをむしばんで行く。心を失った宗教家達によって、人々は小さな心に枠をはめられ、彼らの奴隷になり下がっているのだ。信仰によって幸福になりたい、という気持は誰にも解かるだろう。しかし、自分を失った狂信、盲信は、阿片より恐ろしいものだ。麻薬の常習者は、その泥沼から勇気を持って脱出することが大事だといえよう。

人間性を失った宗教も、麻薬にもひとしいものだ。何人を折伏すれば、何人を導けば、という約束では、人間の幸福は得られないということを知るべきではないだろうか。自らが悟らずに、どうして他人を導くことができるだろうか。彼らの宗教は、正法ではなく、商法にたけている人々の手口だということを、私達は悟らなくてはならないだろう。

神仏が金を欲するか。否である。

人間が欲しがるのである。

指導者の地位と名誉のために欲しいのだ。

本当に、社会人類のためになる布施なら良いが、宗教指導者のふところをこやすためのものであってはならないだろう。社会人類の幸福を考えて実践しているものであるならば、布施の価値も現われてくるというものである。

大神殿、大仏殿は、造るべきものではないということを、私達は知らなくてはならない。

神はすでに、すべてのものに、平等の慈愛と光を与えてくれているからで、それを受けないのは、私達一人一人の、自分の心と行ないが拒絶しているということなのである。

念仏や題目を唱えることだけが信仰であるならば、生まれてきたときから唱えているであろう。また、偶像や曼陀羅が真に必要な拝む対象物であるならば、生まれてきたときにそれもぶら下げてきているであろう。

私達は、ただオギャーといって、裸で生まれてきているのである。

そして、父母の愛によって、育てられてきたのである。

一宗、一派、何するものぞ、ということである。欲望化した宗派や宗旨などは、化石化した宗教の、一つの習慣にしかすぎない、ということを、私達は肝に銘じるべきであろう。

神の教え――悪霊との対話

地獄霊というのは、そのほとんどが、神の心を忘れ、人生を無意味に送った、神の子としての本性を失ってしまった者達である。

末法の世になれば、人間はほとんど心の在り方を忘れてしまうものだ。

私達は、正しい心の物差しで、人類を包んでいる暗い霧を晴らさなくてはならない。

黒い霧が晴らされたとき、人類は皆兄弟だということに気づき、転生輪廻における偉大なる価値を悟り得るのである。

それは、各国々を転生輪廻して、今生きているということに、私達は気がつくからだ。

肉体舟は、人生航路の乗り舟だということに気がつくのだ。

死体は、こわれた舟にしかすぎない。それに、私達は執着している。執着を持っているからその場所から離れられないことになるのだ。

その結果、地縛霊は、その場所に地獄界を展開し、生きている同じような心の人に憑依して、その人生を狂わせてしまう。地縛霊は、そのようにこの地上界に強い執着を持っているから、救われないのである。

私達は、その彼らに、執着の間違いを教え、この地上界が彼らの住家ではないことを説かなくてはならない。

私達が自らの心と行ないを正して、彼らに正しい在り方を教えることによって、彼らはこの執着の苦しみから解脱し、足ることを悟るのである。

彼らに食糧を布施しても、足ることを忘れているから、腹が一杯になることもないし、心の安らぎも得られないということを知らなくてはならない。彼らに、神の子としての自覚が芽生えるまで教えるとともに、生きている私達の心と行ないをしっかりと正し、毎日の生活を平和に、感謝と報恩の実践で心の曇りを造り出さないことが大切であろう。

あるとき、私の家に、魔王に支配された男が訪ねてきた。

彼は増上慢で、躁病にひとしい生活をしていた。勿論、病院に入って静養をしていたが、治療は不可能であった。

魔王は彼の心の王国を支配し、彼は他人に対して、愛も、慈悲のひとかけらも持ち合わせていなかった。そのくせ、他人の心のなかを見通すし、予言もした。

正法を悟っていない人々から見ると、それは神が彼に憑いている。そう思えたことであろう。

身心を魔王に支配されているため、他人のいうことなど聞くものではない。これには、家族もよくよく困り果てていたようだ。

私達がこの男を見ると、彼のうしろに武士が立っており、それはアスラー（阿修羅）であった。

私はこの武士である魔王に、神の子としての道を良く教え、武力や権力で肉体を支配しても心まで支配はできないということを説明し、盲目の人間を迷わしてはならないと教えてやった。彼は、そのことによって本来の自分にもどることができたのであった。

彼は社会的な地位や欲望に執着し、そして、自分の心のなかにあらゆる苦しみを押し込んでしまったため、魔王に憑依されてしまったのである。増上慢の心があったために、地獄霊に支配されてしまったのである。

自らの不調和な原因が、その不調和に比例した地獄界の霊に支配されたケースといえよう。

人間の心は、一念三千といっている。

私達の心は、善にも悪にも、自由自在に変わるということである。だから、常に調和された中道の心を持ち続けることが大切なのである。

また、二十三歳になるある男性について いた魔王は、中国人でターチュ・マラーという男であり、この魔王の一の子分である姥桜という鬼婆とともにこの青年を混乱させていたのであった。

この老婆は、杖のようなものを持っており、変幻自在の力を持っているようである。

私は指導霊に協力して貰い、この杖を法力で奪い、老婆の手から離してしまった。

老婆は、

「私の杖を返しておくれ。ターチュ・マラーに叱られて生きていられなくなってしまう。お願いだから返しておくれよ」

と哀願した。しかし、老婆に杖を返せば、また青年の心を支配して他人に迷惑をかけるということが解かっていたため、

「姥桜よ、私の問いに答えなさい。お前は、どこの生まれで、何年頃の人か」

と質問して、哀願をさけた。すると、姥桜は、悪性丸出しにこういった。

「わははは。わしのことを聞きたいのか。聞いて驚くな。わしはな、魔王様の一番弟子だ。今の時代は変わっているが、吉原に住んで生血を吸って生きていたのだ。金という生血だ。わははは、驚いたか」

老婆は、憎々しげにそういった。その言葉には、慈悲も愛のかけらもない。

私は、再び問いを発した。

「今は、何年か知っているか」

というと老婆は即座に、

「元禄二年だ。わしは年老いたが、今もこのように生きているわ。ざまあみやがれ。俺の杖を返さねえと、魔王を連れてくるぞ。さあ返して貰おう」

そういって、すごみ出すのであった。

私は指導霊の指導によって、心を静め、この老婆を地獄から救ってやろうと合掌した。そして、老婆にその掌を力強く当ててやると、そこは光の輪となって、老婆は喋ることも動くこともできなくなってしまった。

私は老婆に対して、いった。

「老婆よ、お前は神の子なのだ。すでに二百年近くもの年月が経っているのに、まだ我欲を離れないので地獄でも苦しんでいる。それは、お前の心が造り出しているのだ。お前は、他人に対して慈愛の手をさしのべたことがあるだろうか。常に権力者に媚を売り、弱い者達からかすめとり、自分の欲望の達成だけに生きている。老婆よ、その欲望は捨てなさい。欲望を捨てれば、お前の心は安らぎ、悪の光の輪もはずれ、自由な身に生まれ変われるのだ。一切の執着から離れて、光明に満ちた世界で安楽に暮らすことができるのだ」

老婆は語ろうとしても、口を利くこともできない。私の指導霊によって、完全に押さえられてしまっているのだ。

「老婆よ、お前は神を信じるか。お前も神の子なのだ。心のなかで今までの行ないを悪かった、神よ、私を救って下さいと思い、心からお願いすればお前は許されるのだ」

私はそう教えた。

そして、しばらくすると、老婆の回りの光の輪がゆるみ、心のなかで、今までの悪い行為を反省し始めたようだ。

次第に顔の形が変わってきた。声を出した。

「私も神の子だ。今、悪いことをしたと思ったら身体が楽になってきた。暖かくなってきた。あなたは神様だ。許して下さい、私は悪女でした」

老婆は、ようやく目覚めたようだ。かたくなな心がほぐれ、仏性を思い出したのであった。

「老婆よ、あなたは、今救われたのだ。新しい光明の世界で、神の子としての自覚が芽生えたのだ。あなたが望むことをかなえてやろう」

私が説得するようにそういうと、老婆の心のなかのしこりが大分とれてきた。そして、自分自身の身の上を語り出すのであった。

「わしは、十歳のとき、上州から身売りされて吉原にきました。両親には小さいときに死に別れ、不幸の連続でした。私はそんな環境のなかで、世の中はすべてお金だと思い、悪の道に走りました。町人や武士達に、身体をもてあそばれるたびに、頼れるものはお金だと思ったのです。そんなわけで、年老いてからも、悪いことはひと通りやりました。許して下さい。私を救って下さい」

老婆の心のなかの暗い想念の曇りは、みるみる晴れて行くのであった。

「私は、どこへ行けば良いのでしょうか」

老婆は、自分の行き場所が心配になってきたのである。

人間は、誰でも仏性というものを心の隅のどこかに持っているものだ。このように、増上慢の者でさえ、肉体的に現象となって現われてしまえば、最後には一切の執着を離れ、心を裸にしてしまうのである。

「どうぞ自由にして下さい」

という善に対する心は、決して自己弁護はしないものだ。ただ、救いを求める。そして、どんな悪魔でも魔王でも、慈愛の心に勝てるものではない。たとえ肉体を亡ぼされても、絶対に死ぬことのない魂まで、彼らは亡ぼすことはできないのだ。

現代社会における物質経済を基とした思想の場合も同じことだ。心を失った思想は、必ず人々から嫌われて、一時は栄えても、その心の無常はどうすることもできないであろう。

それは、疑問から疑問が生まれ、自らの善なる心の隅に残っている仏性が、妥協を許さないからである。

不変的な神の心すなわち神理は、人間の知恵や欲望によって変わることはないし、追求するほどに心のなかの大調和となって安らぎの境地を造り出すものだ。

もし意地の悪い人々が否定したとしても、彼らも心のなかでは、真実を否定してはいないということである。彼らは、自分の自我を押し通そうとするだけで、否定する根拠など持ってはいないのである。

我執にとらわれている哀れな者達なのである。

このような者達には、必ず大きな反作用が人生航路の過程において造り出され、自分の想念と行為で自分の首を締めてしまうことになるであろう。

因果の法則、作用反作用の法則は、私達の心の世界にも、影響するということを知らなくてはならない。

先の老婆も、ターチュ・マラーのもとを離れれば、新しい光明の世界が待っているのだ。それは、自らの反省という行為によって、自らの心の曇りをぬぐい去り、不変的に与えられている偉大な神の光に満たされるからだ。

私はさらにこの老婆に、

「老婆よ、あなたを私の守護霊が案内します。あなたはどのような家に住みたいか」

というと、老婆はこう答えた。

「私は、御殿のような広い大きな家に住みたい。本当に連れて行ってくれるの」

今まで、小さな家に住んでいたのだろう。何とか、大きな家に住みたいと思っている心が、言葉となって現われたのである。

地獄界というところは、他人を信じることのできない世界だ。常に暴力と腕力が支配しているところだからだ。

慈悲や愛に満ちた心の人々は、存在していないのである。

私は、守護霊に頼んで、老婆を引きとって貰った。

このときの私の守護霊は、不空三蔵という中国の密教の僧侶であった。

それから二、三日すぎた夜のことである。

例の老婆が、私の前に姿を現わした。かつての悪婆の姿はそこにはなく、丸みのある心に見えた。老婆はいった。

「私は、大きな広い御殿で寝んだが、あまりにも静かで淋しくて眠れませんでした。私のような者に合った、住居をお願いしたいのですが、私のわがままでしょうか」

随分、謙虚な心になったものだ。私はうなずいた。

たとえ、地獄界に住んでいても、彼らは、地上界の物解かりの悪い人間とは違うのだ。意識も九十%は表面に出ているから、神理が解かると悟るのも早いのである。

老婆も、身分相応に、足ることを知る心が芽生えてきたのであった。

私の指導霊や守護霊達は、このように地獄界と天上界の仕組みというものを、現象として見せ、教えて行くのであった。

それも無理をしないで、自然に私達に解からせようとする心遣いは、地上界のそれとは大いに異なっている。

人間は、このように、他力本願によって救われるのではない。

人生の疑問にぶつかり、それを追求し、正しい生活実践という努力により探求した結果、究極の神理にぶつかったとき、初めて心に光明がさして、指導霊や守護霊達の霊感が与えられたり、現象化されるということなのである。

自ら努力し、欠点を修正して、中道の心と行ないを実行している人々が、勇者なのである。

「棚からぼた餅」は、決して落ちてこないということを知らなくてはならない。

お経を上げる、ということも同じことだ。

百万遍経を上げても、心の在り方や行ないがともなわなくては、何にもならないのである。

お経自体のなかにも、このような行ないが記されているということを悟らなくてはならない。読誦して何かを待つということでは、絵に描いたぼた餅と何ら変わりはないということである。真の味は、解かりはしないのである。

味は、ぼた餅を食べてみることによって甘いか辛いか始めて解かるということだ。

特に、仏教を信じている人のなかには、法華経がありがたいお経だという人が多い。

なぜありがたいかと質問しても、正しい答えは返ってこない。

般若心経にも同じことがいえる。

あの古代印度の時代、諸々の文盲の衆生に、ゴーダマ・ブッタが、今の法華経にあるようなむずかしい哲学化した説教をしたら、おそらく誰も理解できなかったのではないだろうか。

方便として、当時の衆生に説いたものなのである。

「どぶ沼のなかを見てみるといい。美しい蓮華の花が咲いているではないか。

諸々の衆生よ。

そなた達の身体は美しいものか。

美しくはあるまい。

あのどぶ沼と変わることはないであろう。いや、それ以上に汚いものだ。

なぜなら、眼をごらん。眼には眼糞。鼻をごらん。鼻には鼻糞。そして耳には耳糞。

歯には歯糞がある。人間の身体から、外へ出るものは、何一つとして綺麗なものはない。

汗、大小便。

それはどぶ沼のそれよりも汚いだろう。

しかし、この無常な肉体も、眠ってしまえば、苦しみもなく、悲しみもない。

眼が覚めれば、また苦しみや悲しみを思い出し、また造り出しているではないか。

苦しみや悲しみは、すべて心が造り出しているのだ。

肉体の五官が、客観的にとらえたものが、心のなかで造り出されるといえよう。

それゆえに、心こそ本当の自分自身ということなのだ。

この心が悟れば、たとえ汚い肉体であっても、あのどぶ沼の蓮の花のように美しく、
安らぎの境地に到達することができるのだ。諸々の衆生よ。

心こそ、永遠の生命なのだ。心を正しく、あの蓮の花のように大自然に美しい花を咲

かせよう」

　このように、自然の変化をとらえて、人々の心に、悟りへの道を説かれたのである。

　これは、妻の守護霊である、マイトレイヤーの説明であった。

　古代印度の時代、マイトレイヤー達比丘尼の仕事は、マハー・カシャパーやシャリー・プトラー、マハー・モンガラナー、マハー・カッチャナー達が説法する場所で、多くの衆生を集めることであったという。

「悟った者は、生まれないと仏教ではいっているようだが、その根拠はどこにあるのか」

と私は、妻の守護霊に質問をした。

　マイトレイヤーは答えた。

「はい、悟られた仏陀は、輪廻から解脱しているため、生死を超越しているのです。だから、生まれることも死ぬこともないのです。あなたが、もし、印度に行かれるとします。ケントマティー、ジャブ・ドーバー、は美しい国です。それを、ゴーダマ様は、その頃、未来の国と申されました。ジャブ・ドーバーは、東の国で、ルビーやダイヤモンドで飾られた大きな建物があり、道には埃もなく、坐っていて遠い国の人々と話ができる国といわれておりました。

その通りの国は、マンデア・デュシュー（中国）から東の国だと申されました。今、この国から印度までは、船で行くか飛行機でしょう。そしてタクシーに乗ったり、バスに乗ったり、電車に乗ったりして目的地に着くでしょう。乗っているあなたは変わりませんが、乗り物は目的地に行くまでには大分変わったはずです。日本から中国、ベトナム、タイ国の上空を通って印度に入るでしょう。それぞれの国の空を飛んで行くはずです。

それぞれ、乗っているあなたは変わらないはずです。つまり私達の生命も、あの世とこの世を、幾度も肉体舟を乗り換えて、今、ケントマティーの都にいます。

仏陀はこのように、あの世も、この世も、自由に行き、見ることができるため、肉体の煩悩に惑わされないのでございます。

アポロキティー・シュバラー（観自在）になられているため、生まれることも滅することもないことを悟られております。つまり、輪廻転生における生と死を解脱されているから、生まれるとか死ぬということはないのです。

それゆえに仏陀になられたのでございます。

万物万生・生命のある者は、すべて輪廻をくり返しても、仏陀はすでに過去、現在、未来の姿を悟っておりますから、自分を見失うことがないというわけでございます」

語ったことは、まことに重大なことであった。仏陀は生命の転生輪廻にこだわりを持っていないから、不生不滅の悟りに達しているということだ。

私はまた質問した。

「あなたは、未来仏といわれているようですが、なぜ未来仏なのですか」

それは、学者や僧侶達から教えられたことをたずねたのである。

「はい、私は、マハー・バフラモン（大バラモン）の家系に生まれ、私の大叔父さんはババリーと呼ばれ、実在界では阿閦如来と呼ばれていました。私は、小さいときから、バラモン教典で、ヴェダーやウパニシャドを学び、読み書きは得意でした。

大叔父は、今のバラモンには、心がないと常日頃古いバラモンに疑問を持っておられました。

私の二十一歳のとき、大叔父は、マガダ国のラジャ・グリハ郊外のグリドラクターという山に、ゴーダマ・シッタルダーという仏陀がいるようだと、神示を受けました。そして、私達十七人、女性四人と男性十三人でしたが、ピン・ギャーを長として心を仏陀に学ぶよう命令しました。

私達は、そのために、バラナシーからマガダ国まで旅をしたのでございます。きびしい細径や谷川を渡り、途中、蛇やハイエナなど恐ろしいけもののいる場所を通ってやっと目的地に着き、グリドラクターでゴーダマ様にお会いいたしました。

ゴーダマ様は、私達の顔を見ただけでその考えのすべてを見抜き、心の在り方について教えて下さいました。私どもは、その場で仏陀の弟子になりました。

こうしていつも仏陀のそばで生活をしておりましたとき、良く未来のことを話されたのでございます。

仏陀は、八十一歳で、クシナガラの地でこの世を去りました。私達は、没後九十日目に、マハー・カシャパー様を指導者として、第一回の結集をし、仏陀の四十五年間の教えを後世に伝えるため、分担で、ある者は暗記し、ある者は記録したのでございます。

私は、その後パラナシーに帰り、仏陀のいわれた未来のことをくわしく書いたもので、それが後世に伝わり、未来仏といわれるようになったのではないでしょうか。

これは、今から千八百年くらい前に、ナラジュルナ様がこの世に出られ、私の残した書物は、特に記し、未来仏といったようでございます。

口伝えというものも、二千五百人の人々を等間隔において伝えた場合、最初の人に口伝えしたものが二千五百人目の人にはどのように伝えられるでしょうか。

なかなかむずかしいものです。

マンデア・デュシューから、ジャブ・ドーバーと、言葉も違い時代も違ってしまうと、プッタ・スートラも変わってしまうものでございます。

仏陀は、そのことも末法という言葉で説明されていたのでございます」

マイトレイヤーは、まことに歯切れの良い、やさしい言葉で説明し、私の疑問に答えた。

仏教も、他の宗教も学んでいない妻に、なぜこのようなことが解かるのであろうか。

私も同様なのになぜ理解できるのであろうか。

信じる、信じないは別として、事実はこのように、人間の心のなかには、次元を超えて通信できる機能があるのである。

なぜなら、ラジオ、テレビ、無線機は、すべて私達の知恵が造り出したものなのである。法則にかなっていないものが、できるはずはないといえる。

追求する研究努力の積み重ねが、新しい製品を生み出すように、私達の心のなかにも、このような精妙な能力が秘められているということを、こうしたことを見ると、誰も否定することはできないであろう。

疑問を持つ人々は、まずその疑問を自らの努力によって解決することだ。

そして、正道を生活の指針として行けば、誰にもこうした能力が開発され、否定することもできなくなるということを悟るだろう。

仏教は学問ではない——浅草のビルを開放

一九六九年四月。

いつの間にか、わが家では、毎土曜日、実在界と現象界の転生輪廻を始めとして、人生の問題について、指導霊や守護霊達の通信を聞くようになり、その人数も百人近くにふくれ上がっていた。

とうてい、わが家に入り切れるものではない。浅草に建設中にビルも完成が間近であったが、ひとまず、三階のフロアを解放して、精神復活運動のために提供したのであった。三、四百人は入れるだろう。

浅草の都営地下鉄の駅入口だけに、いろいろな面で便利であった。

このビルは、最初に、サウナ風呂と超音波風呂を二階と三階に開業して、一階と地階は食堂の心づもりであったが、指導霊に、

「身体の垢を落とすところは世界中に沢山ある。お前は自分の使命を忘れている。心の垢を落とす大仕事をしなくしてはならないのだ。金に足ることを忘れては困る。お前のグループは、世界中に出ているのだ。日本にもアガシャー系のグループが出ている。お前の出版した本を通して集まってくるだろう」

といわれて、その方針は、百八十度変わってしまったのである。

ビルは、心の垢を落とす場所となったのである。

三十二年間、求め続けてきた〝もう一人の自分〟は、遂に人々にも、それぞれの〝も

う一人の自分〟の存在を教える立場になってしまったのだ。

電気会社の経営や研究所での研究など、全く宗教に縁の薄い私が、多くの専門家の前で、生命の価値、人生の諸問題を講演するようになり、その実践は次第に進んで行くのであった。

指導霊や守護霊達の日本語も次第に解かりやすくなって、外人訛りは抜けないが、誰にも聞きとれるようになった。

第一回の集会が開かれ、名称も〝神理の会〟となった。

「組織の細胞となることなかれ。個の生命がしっかりと自らの使命を自覚し、自らを悟り、正法実践に精進してこその集団は正しい道を歩む」

とし、心の物差しは、すべて中道の八正道であった。私自身、自らの完成への努力があって、人々の心を導くことができるのだ、と心を引きしめたものであった。

正道の実践行動が、そのままその人の心の調和度になり、肉体から出る後光によって、嘘のつけない事実となって現われてくる。

心眼が開かれるために、守護、指導霊から、不調和な心の人々に憑依している地獄霊達まではっきりと見えてしまうのだ。

それだけに、私達には、嘘のない組織が作られて行くのであった。

宗教的な集団造りは、私の望むものではない。〝神理の会〟は、その意味で、自然に集まり、自然にできたものであるから、別に規則などはない。誰が参加しても良いし、また去っても良いのである。

しかし、最初の発会式の講演では、私もすっかり上がってしまい、何を話しているのか、良く解からなかった。そこで、私の指導霊ワン・ツー・スリーは、約一時間半、仏教の歴史的変遷ということで代弁してくれたものであった。

私は、大衆の前で喋ることはまことに苦手で、初めての講演では汗びっしょりであった。しかし、この集会を境として、多くの人々が集まってくるようになった。また、他の宗教家達が、様子を探りにくるようになった。

私達は、そうした人々のなかの偽者はすぐ見破った。相手の考えていることも解かってしまうので、スパイにきたような人達もほとんど帰依して行った。

私達は、もともと素人の集団であるから、たとえ宗教のプロから質問されても、間違ってもともとである。

しかし、プロの宗教家達も、私達の同志に加わった。こんな例があった。

新聞記者のHの紹介できたR・Mは、他の宗教団体で活躍している人だが、その人がきたときのことである。

R・Mは、私の前に坐ってじっと私を睨んでいる。私はR・Mにいった。

「あなたは、法華経を学び、大分自信を持っているようだが、それはあなたの知恵だけの悟りであり、心が不在だ。心を失った法華経は、絵に描いたぼた餅にしかすぎない。実践をしない法華経は、小説にも劣る。あなたは私を試験しようと思っているが、試験する材料が乏しい。もう一度良く勉強し、実践してきたら良いだろう。あなたの増上慢なうぬぼれの心がとれるまで……」

彼は、遂に返す言葉に窮してしまった。私は次々に、彼の心のなかを指摘して行った。そのため彼は、どうにもならなくなってしまった。

「あなたは、今のようなことを過去世で体験しているのだ。バラモンは知の悟りしかしない。理屈では不退転の悟りを得ることはできないだろう。正道を実践し、心の窓を開きなさい。そのときあなたは、自らの過去世を知り、あなた自身の業を知ることができるだろう」

R・Mは、返す言葉もなく、

「はい、その通りです。私を弟子にして下さい」

とだけいい、やがて現在までの宗教団体を退団して正法に帰依したのであった。

続いて、同じ教団から、講師のS・Yが訪れてきた。S・Yは、大学時代から禅寺で道を学び、生長の家からその教団に入った人である。

講演会のときの第一の質問で、彼は、

「仏教に色即是空、空即是色という言葉がありますが、この言葉を説明して下さい」

といった。三十年も四十年も、仏教を勉強しているベテランの問いである。

しかし彼の本音は、この解答にあるのではなかった。

果たして、指導霊とか守護霊の実体がどういうものか、本当の印度時代のことを話すだろうか、本物だろうかという、大きな疑問を持っていたのであった。自分が学んだものと、果たしてどのように違うか、また、返事ができないならば、黙っていようと思っての質問であった。

人間というものは、盲目同様で、このように、五官で判断するしかない。しかし、真実のものを求めているということは良いことだ。

彼はさらに、「摩訶止観」といった、仏教専門の用語を用いて質問をした。

しかし私の過去世は、ほとんど仏教を学んでいるから、もっとも解かりやすく解明をする。そのため、かえって質疑応答は、私の好きな方法である。

良い質問がでれば、二時間くらいの講演になり得るからである。

仏教は、非常にむずかしい言葉で表現されているようだが、学問的に追求して、どうなるか。趣味ならいいが、本来仏教は、学問的にとり扱うべきものではない。

仏教とは、人生の正しい実践生活に必要な道標である。それを学問化した。この辺に、仏教の道が迷路になった原因があり、他力本願が生まれたのであろう。

本来、大乗仏教だの小乗仏教などという、区別があってはならないのである。

仏教という名称を使うならばだ。

仏教は、ゴーダマ・ブッタの説かれた人の道であるからである。

しかし、日本の仏教は、密教とか、禅宗から統合して仏教といっている。それも、宗祖という人々によって、歪められ、知と意によって変形してしまっている。

他力本願ほど容易なものはないし、それはまた仏教の本質ではないということを悟るべきであろう。

S・Yは、私の話と現象にうなずき、同意を示したものである。

神はなぜ悪人を造るか

五十二歳の婦人は、こう訴えた。

「私は七年近く、野田にある某教団に通い、宇宙の神といわれる生神様を信じてきましたが、一九七〇年十二月二十日までに、あなたは信仰が足りないから死ぬ、と言われました。今までも、宇宙神の生神様から死を宣告された人々は死んでしまいましたので、恐ろしくて恐ろしくて毎日生きた心地がしません。ここにくるには、死を決してまいりました。本当に神は罰を与えるのでしょうか。神はなぜ悪人を造ったのでしょうか」

くだんの教団の生神様は、この婦人に、教団を離れれば死んでしまうと宣告したという。

この種の宗教が、日本には非常に多い。

そして、いかに信者達も狂信であるか、盲信であるかということがこれでも解かるだろう。

しかし本人にしてみれば、これは大変なことなのである。

このような宗教指導者達は、組織を維持するため、神の名を使って信者に足枷をはめるという悪らつな方法で脱落を阻止しようとする。

信者達には、精神的脅迫が一番利くからである。恐ろしいことだ。宗教は阿片だというのもうなずけるだろう。しかし、さらに恐ろしいことは、当人が信じ切っていることだ。信じているため、心のなかの想念に恐怖心が渦巻き、完全に暗い不調和な霊域を造り出してしまうのである。

それは、神と自称している不調和な指導者達は、自らも暗い地獄界の悪魔や魔王達に心を売り渡しているため、同じ類の信者達の心を支配することはたやすいのである。

悪魔の配下が信者達を支配しているから、悪い現象が起こってしまうのである。

呪詛という、密教的な修行も同じことがいえよう。

想念は、ものを造り出す能力を持っている。だから、思っただけでも、心の想念は、悪にも善にもすぐ通じてしまうのである。

悪質宗教家達は、必ず、自らの一片の良心のために、その悪質な想念と行為を裁かれる日がくるであろう。

ある宗教では、その宗教新聞を多く買えば、価値があるとか、信じて一所懸命にお題目を上げれば救われるとか、また不幸があれば信心が足りないからとか、いろいろな理由をつけて信者を手もとに引きよせているようだ。

信者を何人教団に入れれば、あなたの病気は治るとか、商売繁盛になるとかいっている。貧乏をしているのは、過去世の業が出ているのだから、一所懸命に題目を唱えて信心しなさいともいっている。

事故に遭えば、あなたは信心が足りないからだ、偽りの信心だからだ、といったふうになかなか信者に疑問を持たせないように指導しているようだ。

だが、私達は欺されてはならない。

彼ら指導者達こそが、何も解かってはいないのだし、盲信のまま指導しているのである。盲信者や狂信者達には、このような矛盾した言葉が通じるであろうが、残念なことに、まともな人間には通じないということを知るべきであろう。

このような指導者は、自分の心と行ないを、他人に批判されても恥ずかしくはないのか。堂々と心のなかで思っていること、行なっていることを出して他人の前で裸になれるか。

裸になれなかったら、それは偽善者である。

他人に誤りを教える間違いを犯せば、自分自身の心と家庭のなかにも大きな誤った現象が起こってくるということを知るがよかろう。

その不調なものは、各人の暗い心と生活の結果であり、自らが造り出したものだ。反省しなくてはならないだろう。

その彼らのいうこととやることは、一々違っているし疑問だらけである。おそらく、神仏の実体を知らないから、誤った指導もするのである。

神の名をかたって、動物霊や地獄霊でも、人の心のなかをいうことはある。人間の在り方についても、まことしやかにそれらしいことをいうだろう。そして、神がかり的にもなるだろう。

しかし、彼らの心のなかは、いつも安らぎがなく、心の調和などにはほど遠いものだ。魔王や動物霊も、まやかしの光を出すこともある。しかしじっと見ているがよい。まずそれは増上慢で、威張りくさるし、謙虚さのかけらもない。それでいて、社会的に地位や金のある人には、自分が何かを欲しいからペコペコお世辞をいう。

哀れで救われない連中なのである。

このような指導者達が、栄耀栄華を尽くしてこの世を去り、地獄界で苦しんでいるところを信者達に見せてやりたいものだ。

信者達に、その姿が見え、苦しむ声が聞こえ、話せるなら、信者の人達も、それが本当の神であるかどうか解かるであろう。

できない約束をするような教祖達に、私達は気をつけなくてはならないだろう。

霊的な現象でも、動物霊、地獄霊、魔王、アスラーの低段階な世界から、イエス、モーゼの上上段階の光の大指導霊達の世界まであるということを知るがよかろう。

指導者達に疑問をぶつけても返事が曖昧で、現象のことは教書に書いてあるとか、神のお告げとか先祖のお告げとかいうようでは、お話にならないのだ。

解からなくなれば、「妙法に尽きるのだ」と逃げ口上をいう人もいるが、実はそんなのは何も解かってはいないのだということを知ることである。

私は、老婦人の質問に答えなくてはならない。

まず、この質問に対して、私は、

「あなたの両親は、あなたが不幸になることを喜びますか、そして、不幸にしてやろうと行動したことがありますか」

と聞いてみた。老婦人は、

「いいえ、そんなことはありません。私は病弱だったので、特別に大事にされました。そのため、両親は私の生活できるようにいろいろと面倒をみて下さいました」

と答えた。

「そうでしょう。あなたの両親は、ことのほかあなたに対して気を遣ったはずです」

私はそういい、さらに続けて、

「太陽の熱光のエネルギーは、あなたにだけは、特別に与えられたでしょうか。それともあなたは病弱だったから熱や光のエネルギーを与えられなかったということでしょうか」

と聞いた。すると老婦人は、

「私だけではなく、すべてに平等です。また私にだけ特別に与えないということはありません」

と、何か恥ずかしそうに、小さな声で、うつ向き加減に答えるのであった。

「そうでしょう。すべてに平等でしょう。神の心の現われが、大自然の姿であり、私達に与えられている一切が、慈悲の姿なのです。あなたの両親も、あなたの幸福のために慈愛を傾けたように、神は万生に不幸を望まないのです。いわんや罰などを与えるようなことはしません。罰は、自分の不調和な考え方や行ないが造り出すものです。不幸になる原因を造ったからです。原因と結果は、輪廻しているのです。作用を与えるから、反作用が返ってくるのです。あなたは、なぜ病弱であるかを考えたことがありますか。何でも他人に頼ろうとするあなたの心が、不自然な宗教を望んで求めたのです。あなたは自分の心と行ないを、中道を物差しとして反省してみることです。そのなかに、あなたの不幸になる原因を造っているものがあるはずです。その原因をとり除くこと、それが大切です」

と私は説明した。すると老婦人は、

「はい、その通りだと思います。私は何でも他人に依存する心が強いので、自分が幸福になるなら、どんな我慢でもしようと思っていました。今の説明で、心がすっとしました。ありがとうございました」

と感謝するようにいった。だが私の眼で見たところまだ良く解かってはいないようであった。

電気ストーブやガスストーブなどに、反射鏡がついているのを、知っているだろう。あれは、熱粒子を反射して、熱を正面に強く出そうと物理的に考え出したもので、熱反射を応用したものである。

心の場合もこのように、鏡のように曇りがなく、美しい心で生活をしている人々には、不調和な霊達は近づくことはできないのである。

うじ虫が陽の当たる場所に出られないように、ゴキブリが太陽の炎天下に出られないように、美しい、片よりのない中道を心の物差しとして生活をしている人々には、出られないのである。逆に、恨みを持っている人々には、反作用、反射となって、その想念がそのまま返って行くことを知るべきであろう。

ある教団では、信者達に〝呪い〟の方法を教えていると聞く。

ある奥さんは、

「主人が他に女を作っているので、その女を呪い殺してやりたい」

というと、教団は、紙で作った呪文と針を家の庭に埋めて、塩をまき、熱湯をその上からかけて祈れ、といったそうだ。

奥さんはその通りにし、一所懸命に〝呪い〟をやった。しかし、祈り続けているうちにその奥さんが気違いになってしまった。

恨みというものが、自分に返ってしまった実例である。人を呪わば穴二つ、ということわざがあるが、その通りである。

つまり奥さんは、恨みの度合いに比例した地獄霊に支配されてしまったのだ。自分の行為を反省しない、その主人を信頼していなかった、愚かな妻の末路といえよう。哀れな話である。

最初の質問のなかに、

「神はなぜ悪人を造ったのか」

というのがあったが、人間は神の子であり、神はすべてに平等な慈愛の光を与えているはずである。

しかし、肉体舟に乗っている船頭さんである私達は、人生航路のきびしい修行場に出ている。つまり人生を、盲目同様、手さぐりで送っているため、いろいろと間違いを犯してしまうのである。だから、悪人も出るのだ。

健全な両親が存在しても、親不孝をする子がいるが、この子供も神の子なのである。

親子であっても、魂は別々だということだ。

私達の腹のなかに、回虫がわくことがあるだろう。虫下しでも飲まない限り、そいつは消えない。病原菌であるビールスも同じだ。

しかし、回虫が不潔な食物によらなければ生じないように、これも自らの生活が清潔であれば、病気にならずにすむのである。

悪人も、この意味で、自分自身の心が造り出すのであり、決して他人のせいではなく、まして神が造り出すものではない。

慈悲と愛のみが、神の心なのである。

この老婦人は、やがて、私の著書の『心の発見』を読破し、心の在り方を正したため、その年の十二月になっても死ぬことはなく、元気で年を越すことができたのであった。


不自然なものを信じてはならない。

不自然なものには必ず疑問を持ち、解答を得て行けば、迷いから脱出することができる。

この地上界は、善も悪も同居している修行場で、ほとんどの人達は、五官のみに頼る十%の顕在意識で、手さぐりで生きているのである。

そして、自ら、悪や苦の種を蒔いては苦しみや悩みを造り出したり、善の種を蒔いては喜んだりしている。

地獄と極楽、それが同居しているのが、この現象界なのである。

そしてその地獄も、実は神の子として地上界に生まれてきていながら、正道を踏みはずした人々が造り出したものである。

そのことを知ったならば、神が地獄を造ったものではなく、悪人を生んだわけではないことが解かるのは容易であろう。

しかし、どんな悪人でも、いつの日か、自ら目覚め、心の曇りを晴らして、神の光に満たされ救われることになっている。もともと、悪人はいないからである。

悪人だとて、神の子だということを忘れてはならない。そして、私達は、罪を憎んでも人を憎んではならないのである。

哀れな人々の類に入らず、「神よ、彼らの心に平和と安らぎをお与え下さい」と心からいえるような人間になることだ。

第四章　憑依霊と中道

文証・理証・現証を内在する正法

正しい中道の生活努力の積み重ねによって、得ることのできる正法には、文証と理証と現証の三つが具備されているものだ。

文証は、永い歴史を通して、語られ伝えられ記録されてきた、不退転の証である。

原始仏典、原始キリスト教のように、後世の学者やゴロ宗教家によって、書き改められたり、ときの権力者達の意志によって歪められたりしたものには、すでに文証の力はなく、心は失われている。

特に、多くの習慣や言葉で書き改められ、各国を経て伝えられてきたもののなかには、間違いを犯してしまったもの、変化してしまったものが多いだろう。

特に、仏教は、原始仏教、小乗仏教、大乗仏教などに造り変えられ、他力本願になった姿を見れば、正しい文証とはいいにくいようだ。

後世に名前が残っている人でも、皆聖人君子ではないのと似ている。

時代、時代の人間が造り出したものがあるのだ。

不変的なものは、人間によって変えることのできない神理であり、私達の心のなかに正しく生き続けているものである。

理証は、大自然と人間の在り方を実証し、文証によって示されているもの、といえよう。大自然の法理である、神の心の現われこそ、大自然の理証として現わされたものであろう。

現証は、文証、理証を体得して、生活行為のなかに現われてくるものである。心の安らぎ、人生の喜び、幸福な生活、調和された社会。人間は皆、神の子として兄弟だという自覚が生まれ、ユートピアが築かれて行く。

その過程には、実在界から現象界の人々に対して、不変的神理であることの現象が起こってくるものだ。

多くの人々によって、奇跡的な諸現象が現われ、病気や心の苦しみから、人々を救う現象が起こってくる。

しかも、法にもとづいて、地獄霊達に光明の道を教え、救う道をも明示する。

万人が救われる道、これこそ正法といえるのである。それは、あたかも太陽のように、慈愛に満ちて、万物万生を、偉大な力で暖かく包み込むように、神の子たる正しい道を示すであろう。

如来とは、くるが如し、すなわち、神の心を伝えにくる、上上段階光の大指導霊達のことである。彼らは、自ら人生の苦楽に疑問を持ち、人生の道を悟り、アボロキティー・シュバラー、すなわち観自在力を得て、大衆の失われた心をとりもどし、神の声を、神理の種を人々の心のなかに愛と慈悲で植えつけ、調和の心を造り出すための道を説いて行くであろう。

それは、権力や武力の威圧によって造り出してはならないのである。

権力や武力で造り出したものは、必ず崩壊して行くだろう。如来は、大調和を目的とした正道に従って人々の心を救うのだ。

闘争と破壊をもって、多くの犠牲の上に大国を築いても、必ず不調和なしこりを人々の心に残して、やがて混乱を招くことになるであろう。

作用と反作用の法則は、好むと好まざるとにかかわらず、私達の心のなかにも生活のなかにも、襲ってくるものなのだ。

ダーウィンの進化論について

人類が、この地上界に、肉体舟を持って他の天体から天孫降臨したのは、今から二億年前くらいで、当時の人口は、約六千万近くであったようだ。

そして、その頃は、皆神の子として丸く広い心を持ち、自由に実在界と交信ができたようである。

争いのない、平和郷であったことは、私の指導霊が説明する、当時の模様であった。

人類は特殊な宇宙船で、自然に調和された地球という名のそれぞれの環境に適応した体質を持ってきたのである。

茶色、黒色、白色の皮膚を持った人間達に、神は生活の場を与えたというわけだ。

地軸は周期的に変化して、現在の大陸の状態、気候とは、大分異なっており、大西洋や太平洋のなかに埋没した大陸もあり、逆に隆起した島々もあったという。

人々はそれらの土地、土地に転在したが、その状態もはっきりとはしないようだ。

人類の不調和によって、幾度かの天変地異が起こり、地球は変化を重ね、そして、東に、西に、北に、文明は、調和された場所、場所に発達して行ったそうである。

天孫降臨民族は、この地球という場所に、ユートピアを築き、豊かな神の子としての魂を造り上げるためにきた。

それは、より進化するための、修行の場であった。

しかし人類は、次第に欲望のとりこになり、暗い心の曇りによって、他の天体や実在界との交信を不可能にしてしまったのだと、指導霊は語る。

ユートピア時代の人類は、五百万年、一千万年とこの地上界で生きながらえた者達もいたのだ。

そして不調和な人々は、自らの環境を破壊し、生存することも不可能になったのだ、とも指導霊はいっている。

つまりそれが、「お前達の肉体先祖の姿である」というのである。

そして最近では、アトランティス大陸も陥没し、多くの犠牲者が出た。

人類は、自ら神の子としての権利を改変したときに、苦しみを作り出してしまったので、それは、すべて心から出る欲望が、神性を失わしているのだ、と語るのであった。

私の講演会のあとで、若い学生から進化論について質問を受けた。

「お前が進化論を信じるのならば、昔からある動物園のチンパンジーやゴリラ達は、人間の言葉を語るようになり、雇い主と、檻から出すように交渉するだろう」

私は驚いてしまった。

つまりこのことでも、チンパンジーやゴリラは、永遠に人間に進化しないということを知るべきだろう。

魂の進化はしても、肉体舟は永遠にチンパンジーでありゴリラだといえよう。

人類の身体は、神の身体と同一だということの証明ともなろう。

文明の進歩は、人間の心の進歩ではない。それは生活の知恵の進化であって、足ることを忘れれば、逆に心は退化してしまうだろうと指導霊はいうのである。

たしかに、上野の動物園で何回も生まれてきたチンパンジーも類人猿で、人間に近い知恵を持っているといわれているが、日本語など喋れるはずもない。

この質問した若い学生も、この指導霊の言葉に驚いたようだ。

天孫降臨したという神話的な話をくつがえしてやろう、もっと科学的に人類の進化を説明してやろうと思っていた出鼻をくじかれたので幾分がっかりしたようだ。

電子工学を専攻したので、ある会社に勤めながら神理を聞きにきているが、一九七一年九月頃、外国に出張して二〜三年いるという計画を、私がやめさせた人である。

なぜなら、その国に大地震が起こり、帰国不可能になるだろうと、予言があったからだ。

その予言は、当たった。

大地震によって、彼が行くことになっていた国は多くの犠牲者を出したのである。その国はイランであった。

彼は出張をやめたので、この災難から逃れることができたのであった。

感謝と報恩——青年との問答

T大学の四年生は、こんな質問をした。

「私は、自分で望んで生まれてきたとは信じられない。両親が勝手に生んだのではないか。生んだ以上は育てるのが当然だ。現在のような社会の体制下で、人間の平和はあり得ないし、権力者に感謝したところで良くなるはずもないではないか。教育者にしても、私達が月謝を払っているから当然教えているのであって、給料を貰っている以上、教える義務もあるだろう。また勉強、勉強、試験、試験と追いまくられていれば気分もいらいらしてくる。といって学校を卒業しなくては、就職のときに問題になるし、誰だって良い生活はしたいだろう。学校さえ出ていれば、働いて地位を築いて行くこともできるし生活も楽になるはずだ。このなかで、弱い者は敗れ、強い者が残るのは自然の法則ではないか。私は、感謝とか報恩とかいう言葉は、好きではないが、答えて下さい」

何だか、国会において野党の議員が文部大臣をつるし上げているような質問である。これが大学生の質問かと思うと、私には哀れに思えた。彼が、心損失の代表のように思えたからだ。彼は、私の著書も見ていないし、講演も初めて聞いた者である。

このときの講演は、現代仏教と古代仏教との相違について、一時間半話をしたものだが、質問はそのあとのことであった。私は聞いてみた。

「君は生きているということに疑問を持ちますか」

「それは、自然だから疑問はないなあ」

「自然とは何ですか」

「自然は、自然だよ。別に意味はないよ」

「意味がないということは」

「意味がないからないといっているんだ」

話にならない。常に反撥することに生き甲斐を感じているのだろう。しかし、彼の心のなかで、どうにでもなれというような捨て鉢になって、大きく感情がふくらんでいるのがよく見える。

「なるほどね、君は自然という意味もあまり解かっていないようだね。原因があるから結果が生まれるのでしょう。自然という原因があるから、結果として生きていることに疑問がないのだろうか。疑問がないということは、先ほどの質問と大分違っているが、君は、理屈にならないことを簡単に口走っているが、もっと筋を通して人と語ることが大事ではないか」

「…………」

「君は、親が勝手に生んだのだ、望んで生まれたのではないといったが、どのくらいの知識を持ってそのようなことをいうのかね。君の考えているのは、眼に見える世界だけなのだ。君を今日まで育ててくれた両親がいるから大学へも行けるのではないか。それを当然だと思っているのかな」

「それは当然だなあ」

「では、もし君の両親が君を生み放しにして、死んでしまったとしよう。それでも君は、今のような境遇にいられると思うか。両親も身内もなくて君は孤児になる。世のなかにはこのような人は一杯いるのだ。君だったらどうするね」

「それは、他人が何とかみてくれるだろうね。しかし今のような境遇になれるかどうか想像はできないなあ」

「それなら、今の境遇は恵まれているということになるだろう。大学へ行けない青年も多いのだよ。君が、何不自由なく、学校に行けるということは幸福だといわねばなるまい」

「それはそうだよ」

ようやく、かたくなな屁理屈屋も同調したようだ。

「幸福だということは、両親の愛情によるし、経済的にも恵まれているからだろう。両親が病気とか貧乏していたら君はどうする」

「ぼくは働いてでも学校へ行くし、親の面倒もみるだろうな」

「君は恵まれすぎているから、親の愛情が解からないのだ。苦しい両親を見ていたら、働いて両親を助けていただろう。それは、君が両親に愛情を持っているからだ。親に対する感謝の心があるではないか。その感謝に見合うことをするのが報恩であり、親孝行というものだ」

「…………」

まだ反撥心が消えてはいない。すきがあれば攻撃しようというような心構えである。

「君は、両親の思っていることが解かるか。また両親は、君の思っていることが解かるか」

「それは解からないなあ……」

「なぜ解からないのか」

「考えていることが解かったら大変だ。親子であってもこれは別だよ……」

「親子であっても別だといったね、その通りだ。肉体を両親から戴いたはずだし、君の魂意識は別だからねえ……」

「魂なんていうものは、ないよ。そんな非科学的なものは論外だ」

勝ち誇ったような気持になったらしい。

「君は、悲しいときや感激したときなどどのような気持になるか」

「人間だから感情というものがあるだろう。だから泣くこともあるさ」

「そのときは、涙が先に出てくるの？」

「胸からこみ上げてきて涙が出てくるよ」

「そうだろうな……君のことだから、先に涙が出てくると思ったよ。胸にこみ上げてくるものは一体何だろうな、解かるかね？」

「それは感情だろうな」

「その感情が心の現われだよ。心のなかの一領域の作用というものだ。君は、思うことや考えるところはどこからだと思う？」

「それは頭だよ。頭脳だよ」

「君は、眠っているときには、なぜ悲しいこともつらいことも嬉しいことも解からないの？

　耳の穴もちゃんとあいているのに、そばで悲しい問題が起こったり、話しかけられたり、匂いを嗅がされても、大きな刺激を与えない限り解からないのはどういうわけかね」

「眠ってしまえば、誰だって解からないよ、そんなこと愚問だ……」

　一寸風向きが変わってきたようだ。愚問だといっている。

「君は解からないことは愚問だというが、非常に非科学的だね……。君は、舟に乗ったことがあるかね」

「夏は良く海で乗るなあ……」

「その舟に船頭さんが乗っていなかったら、目的地に着けるか」

「それは着けないよ。船頭がいなければ、舟は浮いているだけだなあ……」

「君も眠っているときは、自分の意志もなく、肉体舟は自由に動かないだろう。船頭さんである君自身が眼覚めて、初めて眠る前の喜びや悲しみや苦しみがよみがえってくるだろう。このときの船頭さんを君の魂というんだよ。また、人はよく意識がなくなったというだろう。それはその意識のことだ」

「なるほどなあ……肉体以外に船頭さんがいるということか、それが魂なのか」

彼は遂に否定できなくなってしまった。

頭がすべて記憶しているのならば、眠っていても私達の五体は完全だが、実は睡眠中は記憶などはないものである。

「やはり船頭さんが記憶しているのだなあ……そう考える以外にないなあ……」

学生は、ひとりごとを呟いていた。

私は、最後にこういった。

「君が生かされているということは、大自然の太陽を始めとして、万物万生があるため、肉体舟を保存することができるのだ。太陽がなかったなら、生きられるだろうか。しかも太陽は私達にすべて平等に熱光を与えているだろう。これこそ、慈悲であり愛であるということだ。私達は、この慈悲と愛に対して、ただありがとうという感謝だけで良いだろうか。感謝だけでは一方通行である。そこで、報恩としての行為が必要だ。この行為は、太陽にするのではなく、人々のために、より良い幸福のために尽くすことが大事ではないだろうか。両親は、無償で育ててくれた。これも両親の慈悲であり、愛のはずだ。これに対する感謝はやはり報いねばならないだろう。食物も私達のため一命を投げ出してくれる。だから私達の血や骨になるのである。感謝する心は、大事に無駄にしないようにすることが報恩の行為といえよう」

学生は、初めて頭を下げた。

「解かりました。私は感謝の心が足りませんでした。学校の先生に対しても教えるのが当然だと思っていました。心を入れかえてがんばります。無礼な質問ばかりしてすみませんでした。本当にありがとう」

彼に、遂に本当の心が芽生えたのだ。

このとき、彼の心の曇りは晴れ、頭に薄い後光が出始めたのである。

自らの間違いを認め、これはいけないと心に反省をしたのだ。

このように、私達の心の在り方が苦楽を造り出していることを知ったなら、毎日を中道の心と行ないですごすことを忘れてはならないだろう。

学校の教育は、人間の教養を高め、正しい人間らしい立派な人格を造るためにあるのではないだろうか。

そして、より良い社会人として、社会人類の豊かな心と繁栄のために尽くさなくてはならないのだ。そのときに、自らの心も磨かれてゆくのである。

学問によって広い知識を持つとともに、豊かな心を持つことだ。虚栄心やエリート意識は、人生において良い結果をもたらすものではない。

「実るほど頭の下がる稲穂かな」である。

謙虚な心で、自分の欠点を修正するためには、己にきびしく、人々に対しては寛容な心を持つことが大事だろう。

人生においては、たとえ社会的地位が高くとも、他人を軽蔑し、自己保存の心の強い者達は人間の屑といえる。

人間は、人間の造り出した地位や名誉にうつつを抜かしてはならないのだ。

正しい自らの心が、それに値するだけの価値を認めたならば、地位や名誉も良いだろう。それが、自己満足の虚栄心であるとしたら、受けるべきではないだろう。

現代社会のように、人間の価値判断が経済力や学歴、家柄などといったものであってはならないのである。両極端の考え方を捨て、常に自らの心と行為を反省し、包容力があり、そして智慧があり、勇気があり実行力のある人々、こうした人々こそ、本当に立派な人格者といえるのである。

先に質問した学生は、社会は弱肉強食であり、それが当然だという考えを持っていた。こうした考え方は、万物の霊長である神の子がとるべき道ではないのだ。

ケニヤの動物達でも、一応のルールがあるだろう。猛獣達は、自分の腹が一杯であれば、他の草食動物を襲うようなことはしないだろう。草食動物も、草木を根絶するようなことなく、移動しながら生活の場を守っていよう。

人間には、足ることを忘れ、欲望の尽きることを知らない人々もいる。むしろ動物以下の人間もいるだろう。

その動物達も万物の霊長に近づくための修行過程なのである。

人間は、この地上界の万物万生を調和したユートピアを造ることが使命なのだ。

弱い者達に、愛の手を差し伸べて、共存共栄の社会を完成しなくてはならないということである。

先祖供養の利益はあるか

他力本願の宗教家達の多くは、私達の身近な肉体先祖に、朝夕供物を上げ、お経を上げることが最大の供養だとしている。

病気や家庭の不調和、経済的貧困、怪我などの原因で、信仰に入る人が多い。そのほとんどの宗教は、先祖供養である。

そして、先祖供養を旗に掲げている指導者の多くは、不幸が起きている人々に対して、「何代目の先祖が浮かばれていないから、その方の供養をしなくては、あなたは救われない」

といったことをいうようだ。

今度の質問者は、某宗教団体に属しているベテラン選手である。

果たして、お経をあげて供養することによって、亡くなった先祖が救われ、不調和な諸現象がなおるであろうか。私は、質問者に対して、いろいろ問うてみた。

「あなたは、お子さんがありますね」

「はい、ございます」

「あなたは、お子さんの幸せのためにはいろいろ苦労しているようだが、まず健康であって欲しい、そして立派な人間になって欲しいと思っていますか」

「はい、その通りでございます」

「あなたのお父さんは、あなたやあなたのお子さんが幸福に生活をしていることを喜ぶでしょう。さらにおじいさんはどうでしょう」

「私が幸福な生活をしているのを父が喜ぶように、おじいさんも同じことを考えるでしょう」

「ということは、先祖の皆様が望んでいることは、皆さんが健康で幸福に暮らすことであり、それが一番の供養になるとお考えでしょう」

「はい、そうです」

「あなたは肯定するといっているが、今まであなたはお経を上げている。なぜお経を上げれば良いのですか。あなたは法華経のようだが、ご両親はどんな宗教をやっていたのですか」

「お経を上げることが、先祖に対する何よりの供養といわれています。私の両親は門徒です」

「両親は、すでに亡くなられているが、その方々に上げる法華経の経文の意味を解からなくてよいのですか」

「解からなくても、お経文はそれだけの価値があるのだと教えられてきました」

「あなたにお経の意味が解からなくとも、先祖には解かるというのですね。それなら、お経を外国語で上げられたらどうでしょうか。あなたの両親は門徒で、法華経は解からないといっているが、それが真実です。解からないお経文を唱えても何もならないのです。なぜなら、お経は、人間の心と行ないを説いているものだからなのです。亡くなった人々にも、その意味を教えて果たして生前にその通りに生活したかどうかを教えて上げることが必要です。亡くなっても、即座に仏にはなれないのです。仏とは悟った人のことをいうのでしょう。悟っているから、お経を上げれば良いというからには、亡くなられた人が、生活のなかで正しい人生を歩んでいた、ということです。もしそうなら、間違いなく天上界に行っていて、現世で生活している子孫達の煩悩を笑っていることでしょう」

私は質問のあとでそう説いた。しかし、この人は、今まで一途な生活をしていたせいか、納得がいかないようだ。私はいった。

「あなたは、絵に描いたぼた餅の味が解かりますか。またあなたは、それを指してこのぼた餅はおいしいよ、といっても果たして味が解かるでしょうか」

「それは、実物を食べてみなければ味は解かりません」

「味が解かるということは、食べる以外にないはずです。私達もお経文の意味を良く知って、そのような生活をしたときに、お経のありがたさが解かり、心の味も解かってくるのです。心の味とは、執着から離れた安らぎの境地をいうのです。この世を去った人々にも、良く経文の意味を解説して、彼らに、生きてこの世で生活をしていた当時のことを、正しい中道の心の物差しで、その一生で思ったこと行なったことを反省させることが成仏させるために良いのです。地獄界に堕ちている先祖達は、この現象界の土地、家、墓、寺などに執着を持っている者が非常に多いのです——」

――彼らは、執着を持っている場所に地獄界を展開している。

そうして、地上界で生活している人々の中の、同じような暗い心で生活をしている人に憑依して、精神的に不安にしたり、肉体的に現象を出して不調和を造り出すことが多いのだ。

特に、肉体的先祖も、地獄に堕ちてしまうと自分自身を失ってしまう場合が多いので、地上界の肉親をも忘れてしまうものだ。

病気で苦しんで死んだ者達は、そのまま病気を持ち込んで同じ苦しみをしている場合が多いのだ。肉体的な病気が、心まで病んでいるということだ。

自らの魂が自覚しない限り、その場所にとどまっているといえよう。

土地や家、寺、墓などを根城としている地獄の住人達を地縛霊と呼ぼう。

私達の眼には解からないため、家などを建てるとき、良く〝お清め〟というのをやるだろう。おはらいともいっている。心のない盲目の人々が、形だけでおはらいをして立ち去るような地縛霊ではないのだ。

おはらいをするということは、丁度埃りだらけのところを払って、他にまた埃りを落とすだけで根本の掃除にはならないものである。

これと同じで、おはらいをする人の心と行ないが大事だということだ。

その場所にいる地縛霊達に対しては、そこに執着を持ってはならないということを説いてやらねばならない。

なぜ地球上に思い残すことがあるのか。なぜ地獄に堕ちているのか、その理由を教えてやれば、彼らも悟るであろう。彼らも解からないでその場所にいるのであるから、慈悲を持って導いてやることが大事なのである。この地上界の生活の不調和によって、彼らは自らの心のなかで、地獄界を造り出しているということだ。

だから反省する方法を教えて、彼らの心の曇りが晴れれば、即座に神の光によって覆われるため、自ら悟るきっかけとなるのである。

地球上の人間とは違って、表面意識が九十％も出ているため解かりが早いというわけである。

末法の世になれば、なるほど、人々は心を失ってしまい、地獄界が多く賑やかになって行く。先祖の霊も同じことである。家柄に、財産に、名前に執着が強い人々で、その心のまま地上界を去った者達は、皆地獄界にいるのだ。

そのために、「金持は三代続かない」といわれるが、これは亡くなった者達の執着が、二代目三代目の者達の心と行ないの状態に原因を造り、不調和という結果を造り出してしまうということだ。

私達は、いかに地位や財産や立派な家系があっても、あの世ではすべて通用しないということを知らなくてはならないだろう。

なぜなら、私達は、自らが望んで、その場所で人生を有意義にすごし、豊かな心を造ってこようと思って生まれてきているのだからだ――。

「しかし、肉体舟に乗ってしまうと忘れてしまう。ここに修行場としての、三次元の現象界としてのきびしさがあり、盲目の人生だから、また悟りという喜びもあるわけです――」

私は、るると述べた。質問者もよく解かったようである。

私は、その証しとして、質問者の先祖と対話する霊的実験を行なった。

憑依霊現わる――H・Kの苦悩

即座に、質問者H・Kの姑の霊が姿を現わし、胃を押さえながら苦しそうに出てきた。すっかり痩せおとろえ、きびしい地獄界で生活をしているさまがうかがえる。

五百名近く集まっている講習会の席上であるため、この現象に多数の眼がそそがれる。

この地獄霊に、霊道者の体に入って貰う。

私は、この地獄霊のH・Kに、

「あなたは胃ガンで亡くなりましたね。大分寒いところにいるようだが、なぜあなたはこのように苦しい世界にいるか解かりますか」

「うーん………」

非常に苦しそうである。すでに、この世を去って十年近くになっているが、まだ病気から解放されていないのである。

「あなたは、生前に虚栄ばかりを考え、子供に対しても夫に対しても、不満ばかり持っていた。感謝の心が少しでもありましたか。息子の嫁に対しては、家柄のことしかいわず、いつも嫁いびりをして他人に悪口をいっていた。あなたはわが家は士族だ、わが家は士族だといいながら他人をくさして生活をしてきたが、慈悲の心も愛の心もなかったはずだ。しかも、自分の見栄のために、苦しいことや悲しいことを全部心のなかに詰め込んでしまい病気になってしまった。あなたは自分の心に嘘をつけますか。他人には嘘をついて、自分の立場をつくろってきたではありませんか。その嘘をつけない心こそ、神の子の証しなのです。あなたは死ぬ前のことを思い出しなさい」

「苦……しい、た…す…け……て下さい……」

苦しそうな姿をしている。このような心がけの人々には、光などなく、暗い姿だ。髪は白髪で、みすぼらしく、苦しい姿だ。

人生の修行結果が、このような状態によって、再現されているのである。

質問者のKさんは、姑であることに気がついている。

「お婆ちゃん、心配しないで成仏して下さい。後のことは案じることはありませんよ」

涙を流しながら、今は亡き姑の哀れな姿を見て、昔の恨みは心から消え去ったようだ。

「こ……のような……姿で……恥ずかしい……K子、許して……おくれよ、私が……悪かった……」

「お婆ちゃん、しっかりして下さいよ、私も悪うございました」

「大……分……身体が楽になりました……お前さんや、主人を恨んだむくいだわ……なあ……つらいことばかりいって、本当に……悪かったわ……わ……」

この人の主人は養子であったようだ。財産問題で夫婦間は冷たかったようだ。息子達にもあまりにも口煩さい母だったので、最後にはひとりぼっちになってしまったそうである。

わが家のため、先祖に申しわけない……という執着心が強かったのだろう。

「Y子は元気かね……あの……子もあまり丈夫ではないから……良くみてやって下され……や……」

「娘は大分元気になって、大学二年になりました」

「もう、そんなになったのかね、私は、この病気のために、暗い……暗い……世界で今まで苦しんで……いました。今日……は、本当にありがとう……よ……何だか、身体の痛みが、なくなってしまったよ……」

　姑は反省をし始め、愛の心が芽生えてきたのである。心の曇りが晴れてきたため、神の光が心の世界に安らぎとなって入ってきたのである。

　薄く、身体の周囲から光が出始めた。

「お父さん……にも、よろしくいって下さい……ね……。血圧が高いと前からいっていたが……気をつけて長生きして下さい……と伝えて下さい……」

「お婆ちゃん、しっかりやってね。おじいちゃんにはこのことをお伝えします」

「本当にありがとう……さようなら……さようなら……」

　姑は涙を流してそういった。苦しみから解放され、やがて天上界の修養所に行き、人生の一切を反省するであろう――。

　老婆の姿は消えて行った。妹の身体を借りて入っていた老婆は、天上界に帰ったのである。質問者のKは、本当に驚いたようであったが、礼をいった。

「本当にありがとうございました。私の姑です。話し具合いから言葉遣い……そっくりです。やっぱり地獄にいたのですね……本当に可哀そうになりました。ありがとうございました……」

見ていた会員達も、あの世の地獄界がいかにきびしい場所であるか、見せつけられたようである。

死後の世界、それは事実、存在するということだ。

いずれにせよ、生きている私達が健康で平和な明るい家庭を築くことが、先祖に対する何よりの供養だということを、皆実感したことであろう。

死後も、現世のままの連続体だといえよう。

ただ心的変化が精妙なので、思うことがそのまま、すぐに現象化する世界だから、不調和な心もまた現象化するということだ。

雰囲気の変化が精妙であるから、先祖に対しては、生きている人々の調和された心と行ないの積み重ねによって、正しく導いてやることだ。

そのことにより、彼らはやがて仏性を思い出し、必ず、いつの日にか救われることになるのである。

その結果、子孫は繁栄し、平和な環境が生まれてくるのだ。供養は、感謝する心を報恩として大調和を築き上げて行くこと、そこに本当の意味があるのである。

阿羅漢(アラハン)の境地とは——修行の過程

上野のある寺の住職が、

「仏教のなかに、五羅漢とか五百羅漢とか名称がありますが、どのような修行をされた方でしょうか」

と問いを発した。

専門的な質問に関しては、私のように現世で学んでいない者にとっては、なかなか解からない問題が多い。しかし、守護霊から聞けば、そうむずかしい問題ではないのだ。丁度(ちょうど)同席していた人のうちに、大田区在住の青年、A・Kという適任者がいたので、この人の過去の守護霊から説明されたほうが良いと思った。

そこで、出席者のなかに割って入り、A・Kの前にマイクを持って行き、

「ポコラ…テレ…サラ　パラコロ……リア　リクア　コア　テレ　パラセレ　トワ……

アラハン……リア　アサジ　イスパラティー　インドア　プッタ・スートラ……」

と私の口から語り出すと、A・Kも、同じ古代印度語で、

「ポコラ　テレ　サラ　チコラ　セレ　ポロ……」

と二千五百数十年前のことを語り出し、やがてたどたどしい日本語で、古代印度語をまじえて、アラハンの説明をした。

「私、ゴーダマ・プッタの弟子、アサジ、私……カピラ、サムライ、ゴーダマ……出家、当時印度、山あぶない、川あぶない、けもの一杯、悪い人一杯、私、アサジ、コスタニア・マハー・ナマン、バティーヤ、五人護衛、ラジャン（王）から頼まれた。これからヴェサリー、アヌプリヤ、マガダー、ガヤダナー、セニナ、ウルヴェラと山修行一杯やった。大変大変きびしい修行。だが、悟りない。ゴーダマ一人でサロモン（修行者）になる。私、パラナシー近いミガダヤ・イシナパできびしい肉体行していた。ゴーダマ、私達の修行場くる……。ゴーダマ・プッタ、立派。心バフラマン・デアアトマン（梵天とわれすなわち梵我一如）になる。苦しみから離れる。道私達知る。心、一番大事、思うこと大事、行ない大事、コスタニア・バッティや、私アサジ、苦しみ、ない。悟り、道……解かっ

た……心のパラミタ……解かった……私、前、生命、印度に生まれた、プッタ、前生まれる、また同じ、心の窓開いた……私〝アラハン〟悟り一つ道、開き……ました」

Ａ・Ｋの心の窓が開かれて、自らが印度の頃、アラハン（阿羅漢）の境地に達した驚くべきことを語り出したのであった。

阿羅漢とは、悟りの段階だということである。心の広さの段階といったほうが良いかも知れない。

それが、過去世を思い出し、人々の心のなかのことや、守護霊達と語ることができるようになって行くのだ。一切の執着から離れ、正道の実践がされて、始めてアラハンの境地に到達することができるのである。

バラモン種は、ゴーダマ・プッタの時代、その段階を、その修行の年齢によって定めていたようだ。

ゴーダマは、十二歳頃までは、ヴェダーなどの教典によって、バフラマン・インドラーなど、神々を祭る儀式などを教えられていたようだ。

この頃、〝シアミ〟と呼ばれていた。十二歳頃から家庭に入り、四十五、六歳までは家庭生活を営み、子供の教育をして、やがて、家を出る。

そして、森や林のなかで、もっぱら修行生活に入るのだ。木の芽、木の実、果物など山の幸を得ながら、肉体行をする。この時代は、こうした人達を〝サマナー〟と呼んでいた。

それらは、乞食(こつじき)を続けながら、遊行期に入って行く。町や村の祭事を司り、あるときは山中で、あるときは招待されて食を乞う生活で、死ぬまで修行を続けて行く。

この段階を〝サロモン〟と呼ばれていた。

サロモンとして生活をしているうちに、心の段階が進化して、アラハンになり、さらに心と生活の調和が進みシュバラーの境地となって行く。

ボサッターの境地といえよう。

この頃になると、天上界、地獄界、地上界を、自らの意志で見ることができるようになって行くのである。

しかし、まだ、この段階では、身に飾りをつけたいという心があるようだ。

観世音菩薩や弥勒菩薩などの仏像が、王冠やネックレスを着けていることを見れば解かるだろう。

また、後光の大きさは、丸いもので、その位置の心の段階なのである。

この境地から、さらに心の浄化が進み、生活においても足ることを悟り、執着から離れ、宇宙はわれなりと、すなわち宇宙即我の境地に到達している方を、プッタと呼んでいた。イエス・キリストも、モーゼ、クラリオ、マグガリス、ババリー(阿閦如来)、ヴルシャナー(大日如来)なども、プッタの境地に、心は広く雄大な境地に達している。上上段階光の大指導霊、神と表裏一体の如来達だといえよう。

一九七二年の現在、四百二十五人、地球上を支配している大指導霊が、天上界すなわち実在界におられるようだ。

私達はその姿を見ることができるのである。

上段階から低段階を見ることはできるが、下の段階から上段階を見ることはできないのである。

そこで、「光の量の区域なり」と、ほかで説明しているのは、このような心の広さの段階を述べたものである。

Ａ・Ｋは、中国で生まれている。

七世紀、天台山において、章安禅師のもとで、法華経の写経をされたようだ。

中国時代は書記として、常に魂は堅実な仕事ばかりをしてきたので、今世では、人々のなかに入って商人の道を修行しているということらしい。

いつも堅い仕事をしていると、やはり片よった心を造り出すため、豊かな丸い心を造ることが大切なことであるからその修正を心がけているのだろう。

私達は転生輪廻の過程において、あらゆる階層で生まれ、学び、現在があるということである。

あらゆる魂の体験を通して、雄大な心が造り出されて行くといえよう。

貧乏人も金持も、この世の物をあの世に持って帰ることはできないし、またその階層は、心の基準にはならないのである。

生まれた環境が王様であろうと、大統領であろうと乞食であろうと、基準にはならないのだ。

基準は、自分の造り出した環境で、いかに正しく生き、いかに人々を救い、いかに調和された自分を造り出したか、それらが問題になるということを悟らなくてはならないだろう。

社会的に、上に立つ者ほどその修行はきびしいということを知るべきであろう。

また、きびしい貧乏生活をすると、心まで貧しくなって、世を恨み、人を恨み、遂には神まで恨んでしまうものだ。やはり、こうした両極端の人生では、悟りづらいといえよう。

なかなかむずかしいものである。

肉体舟は変わるが、私達に変わらないのは、私達の魂であり、その中心は心であるからだ。

肉体は、人生におけるただの舟だということが理解できたなら、今という時間の、心と行ないがどれほど大切であるか、よく解かるであろう。

つまり、職業などで差別はつけられないということだ。

光の天使達のなかには漁師もいた。ペテロやアンデレがそうだ。彼らは、きびしい生活環境にいて、そして人々を救ったのである。

ゴーダマ・プッタの弟子ウパリは、カピラ・ヴァーストにおいては床屋の出身だ。マハー・カシャパーは豪農の出身である。

このように、人間は生まれた環境によって、聖者になるのではなく、自らの自覚によって、正しい心の物差しを悟り、大衆を苦しみから救う、その実行力で人々が聖者と称してくれるのである。

心の貧富によって、その人格は定まるのである。

これが、不変的な神理である。その基準は人間が造り出したものではないのだ。

アラハンの境地に達するのも、自らの心と行ないの欠点を、勇気を持って修正したからだ。自ら、悪なる心に打ち克つことほど、むずかしいものはないのである。

悟りは、他人の力によって得られるものではない。他人の力は、心の物差しにしかすぎないのだ。

この物差しを、いかに使って、正しい、豊かな慈愛に満ちた、丸い心を造り出すかということは、自らの知恵と努力と勇気がそろわなくてはできないといえよう。

ここに、神の子としての、個の生命の尊厳があるのだ。そして人間は、万物の霊長として、個の生命という偉大な価値を誰でも持っているのである。

金剛石も磨かなくては、あの美しい光沢は出ないものだ。人間も同じことがいえよう。

こうした話を聞いていた、質問した住職は、ただ唖然として遂に言葉にはならなかった。アラハンという境地の説明があまり良く解からなかったようだが、仏教には関係のない、二十三歳の青年が、潜在されている偉大な宝庫の扉を開いて語る真実の言葉は、人々の心を打たずにはおかなかった。住職も、感に堪えなかったのである。

人間には、誰にも過去世があり、心のテープ・レコーダーがあってそこに記憶されているのだ。

住職はいった。

「はい、良く解かりました。信じられない真実が、素人の青年の口を通して語られたのだから、驚きです。生命の転生輪廻も合わせて解かったことは、本当に有意義でした。本当にありがとうございました」

住職にしてみれば、始めての経験であり、経文を読誦して、お勤めという行為をしている商売人だから、なかなか神理にふれる機会に恵まれなかったのだ。

丁度二千五百余年前、バラモンのサロモン達が、プッタ・スートラ（仏教）を自ら眼で見たように、旧来の陋習を破ることがむずかしかったのであろう。

仏教を、生活の手段、職業としている人だったからだともいえよう。

しかし、仏教の創始者であったゴーダマ・プッタも、キリスト教の創始者であるイエスも、皆素人であったということを忘れてはならない。

その当時にも、ユダヤ教あり、バラモン教ありで、真の神理は塵や埃りに埋もれてしまっていたのだ。

そして、それらの宗教は、いわば、神理の生ずる前の、露払いに出現していたのだ、ともいえるだろう。

人々が、神理に眼覚めるということは、このように、なかなか至難のことなのである。

霊媒・口よせはなぜできるか

恐山の口よせにしても、街の拝み屋にしても、数え切れないほどあるだろう。

　ある人は、神のお告げといい、観音様が夢枕に立って人を救えといったとか、後光が見えたとか、耳もとで不幸の起こることを聞いたとか、それは、限りないほど世のなかにあるだろう。

　また、呪詛という、他人を不幸にしようと祈る宗教から、お浄め霊とかいって、身体を浄めてやる宗教もあろう。

　なかには、神と称する者が拝んでいる人間に出て、威厳のある言葉で、人々を威圧して神の言葉を述べる霊媒もいる。

　亡くなった人々を呼び出して語る霊媒も多いだろう。

　それらは、いずれも偶像や糸扁の紙を祭って、その前を神前とか仏前とかいって、祈りの場所としているようだ。

　このような人々の多くは、山中で肉体的行をして、修行したというものが多い。ほとんどが、経文や祝詞を一心に上げている間に、神様が出てくるらしい。

　彼らは、神様だと思っているのだ。信じているのである。

　質問に対しては、当たることも当たらないこともあるだろう。

しかし、質問者のほとんどは、先祖の霊が浮かばれないから不幸があるとか、屋敷のなかにこのような神を祭ってあるが粗末にしているとか、なかには蛇を殺した祟りだとか、猫を殺した祟りだとかいわれて、祈らせられたり、供養させられたりしているのである。

また、生霊が憑いているから、などというときもあるらしい。当然、蛇だの狐だのまでが、祈る対象物となっている。

盲者や狂信者には、真の姿が見えないし、聞こえないし、話せないから、ただ一所懸命に信じて、お札や偶像、曼陀羅を祭って祈っている。

日本の仏教のなかにも、天上界から悪魔が降りてきて、人々を苦しめるというのがある。この苦しみから逃れる方法は、一心に呪文を唱えて、不動明王や観音様や竜王のような諸天善神に、お願いしなくてはならないのだと教えているところもあろう。

先祖を代理で供養してくれる場所もある。

見えない世界だけに、どれが本物か解からないで、何でも救って貰える、神仏に頼りさえすれば良い、と思っている人々が、非常に多いのである。

最近では、お光を与えれば病気が治り、身体が浄まると指導しているところもあるという。

また人間に憑いている霊を本人に出して、皆祭らせてしまう、賑かな宗教もあると聞いている。人間というものは、欲望が強い。勝手に何でも神から救って貰おうとしている者達が非常に多い。

いずれも他力本願のご利益主義である。

他力によって、心を腑抜けにしてしまえば、指導者の生活も楽になるから、やめられないのかもしれない。そして彼らは、神の名のもとに、盲者達や狂者達を支配して行く。

私達が、良く考えなくてはならない原因がここにある。

私達がまず調べなければならないことは、こうした宗教の指導者達が、文証、理証、現証の三つを持っているかということだ。

そして、転生輪廻における、過去世の言葉が解かるかということだ。

実在の世界の天使達を見ることができるか、ということだ。

富士山のあたりに出てくる、菩薩達の姿は正しいものではない。

次に、この地球上は、神の身体の小さな細胞であり、大神殿であるということだ。この大神殿には、人間の造った祭壇は必要がないということだ。

私達は、その神の体内にいるのである。

霊的現象でも、手や身体が上下運動をしたり、合掌した手が蛇の頭のようにくねくねとしている場合は、全部、狐や蛇だといえる。

もし、霊媒に、先祖の霊が出たら、その生前のことや性格を良く聞くことだ。

また、動物霊が、先祖の真似をして語ることがあるだろう。

私達のグループの霊道者であるアラハンの境地や、ボサッターの境地の者達は、こうした悪霊のすべてを見破ってしまう能力を持っている。

そして、霊的現象を起こしている人々の心の在り方、それが中道であるかどうかが大事だ。

怒る心を持っているか。恨みの心を持っているか。約束したことをころころと変えるか。神の名のもとに、金を強要するか。私生活が平和で安らぎがあるか。感情の起伏がはげしくはないか。

　こうした点を、よく観察することが大事であろう。神とかいう者達が出てきても、本当の神は、威張りくさることは絶対にないということを知るべきだ。安らぎのあるやさしい言葉で、絶対に如来だ、菩薩だ、いわんや○○の神だなどとはいわないのである。

　霊媒でも、自我我欲の強い、感情の起伏の強い者達は、魔王や動物霊が憑依しているのである。常に心のなかがいらいらしている。

　こうした、心のなかに欲望が芽生え、足ることを忘れた連中の場合は、もはや、光の天使達が出られないということを知る必要があろう。

　正しい、中道の心を持っていない人々に出てくる者の多くは、全部、地獄霊と見て良いだろう。

　恨み、妬み、そして、へつらい、怒り、自己保存、自我我欲、全く足ることを忘れ、執着心の権化の人々には、魔王やアスラーが憑いている。

　このような霊媒者は、肉体的にガタガタである。しかし彼らは、必ず信者の業を引き受けて信者の苦しみを柔らげているというだろう。もしこれが真実であるならば、天上界の諸菩薩、諸如来、光の天使達は、あまりにも地球上の人類が戦争をしたり、不調和な心を持った者達が多いので、皆の病気を引き受けてあの世に病院を造らなくてはならないだろう。

他人の業を引き受けるようなことは、絶対にないのである。作用と反作用、原因と結果、法則を知らない者は、何をするか解からない偽善者達なのである。

自らの、心の暗い曇りが、地獄霊を呼んでいるのだ。

このような偽善者は、言葉巧みに近より、へつらうだろう。自分に不都合なことがあると、口角泡を飛ばしてののしるだろう。これは、そこに本性をさらけ出している哀れな姿であるといえよう。

正道を踏まえて生活をしている宗教者や指導者は、謙虚で足ることを知っている。正しく聞く耳を持ち、正しく見る眼を持っているし、正しく語る言葉を持っている。

怒る心も、その人が幸福になるためには、方便として使う場合があるが、まずその人の心のなかを見通してしまうだろう。

また、宗教指導者が、神だの仏だのと自ら名乗ったときは、すでに正道をはずれているのであるから、気をつけて見るべきであろう。

いずれにせよ、信仰は自由である。

正しいものを選ぶか、間違ったものを選ぶかは、あくまでもその人の心にあろう。

教祖を見たなら、八正道の物差しでまず計ってみることが、大切であるということだろう。

ラジオ、という機器にもピンからキリまであるように、霊媒でも、地獄霊の段階から上上段階光の大指導霊まで、いろいろな段階があるということを、私達は悟らなくてはならないだろう。

口よせにも同じことがいえる。対象への、人それぞれの冷静な眼、きびしい判断が、もっとも重要であるということである。

あなたは、その熱心さと冷静によって、正しい祈りの心というものを知り得るだろう。

第五章　医学と現象

神はなぜ身心障害者を造ったのか

世の中には、生まれながらの肉体的欠陥者がいたり、親に縁の薄い人々が生まれたりしている。

そのため、神は不公平ではないか、と思っている人達も多い。

今日の質問者のSは、そうした肉体的欠陥者や経済的貧富の差や私生児に対して、大分疑問を持っているようだ。

「本当に神が存在するなら、このような不平等をなくすべきではないだろうか。慈愛の塊りのはずの神が存在しながら、不幸を造っている。私はそんな神を信じない」

この質問者Sは三十七歳、母親の若い頃のあやまちによる不義の子であった。

彼は、出生の秘密を知ってからは、誰も信じなくなり、無頼の青春を送った。彼自身、片足に欠陥があり、人生は真ッ暗だ、生まれてこなければこんな苦しみを味わうこともなかった。しかも生みの母は他家に嫁いでいる。私の人生には苦しみだけが与えられ、もはや誰も信じられない、といった毎日を送っているのであった。

私は、この質問者Sに、

「あなたは、自分で希望して工業学校の化学科に進んだのですか」

といった。

「はい、その通りです」

「あなたは自分で希望して、プラスチック加工の会社へ行きましたか」

「はい、そうです」

「あなたは、自分の理想と反したため、その会社を辞めましたね。そして、今度は、建築の勉強をして、一人前の技師として生活をしようとしているが、それもあなたの意志でしょう」

「私は、学校で化学を学んだのでその会社に入ったが、化学分析があまり好きではないし、もっと大衆的な仕事をしたいと思って建築の勉強をしているのです」

「あなたは今まで、物心ついてからは、自分の希望によって、いろいろ生き方を変えてきました。あなたは、生まれる前、すでに実在界で、現在の肉体舟を戴く約束を両親として、この地球上に出てきたのです。その約束を双方で果たした結果があなたなのです。ですから、片親に育てられようと他人に育てられようと、その場所で立派に人生修行をしてくると、神と約束をしてきたのです。それが、出生の秘密を知った頃、つまり物心ついた頃から、あなたは友人や周囲の人々の生活状態と、自分の境遇とを比較して見、自分は不幸であると考えるようになった。そして、文句ばかりいうようになり、そのことで自らを苦しめるようになったのです」

——しかし、ほととぎすという鳥を見てみ給え、種類の異なった小鳥の巣のなかに卵として生み落とされ、その小鳥によって育てられ、成長して行くのだ。それでもほととぎすの雛は、文句一ついわず皆同じような一生を送って行くのだ。

しかしあなたは、元気で新しい希望に向かって生きていられる幸福に、なぜ感謝できないのか。

世のなかには、ベッドに寝たまま三十年も四十年も、外部の空気を知らないで入院している人もいる。

悪事をして、牢獄でその生涯をすごす人もあるだろう。

あなたは、自らが哀れだという、自己弁護を捨てることだ。

人生のあらゆる苦しみに負けないで、立派な人間としてやってきますという約束を忘れたのは、誰でもないあなた自身なのである。


恨みや妬み、そねみや怒りの黒い想念の曇りを心のなかに造ったのも、あなた自身であり、前世の約束を忘れたのもあなたなのである。あなたは、外見的には、欲望にとらわれ心を失っている。

あなたに前世の心の窓が開かれれば、その事実を自分で悟ることができるだろう。肉体舟の欠陥も、あなたが望んで、しかもその事実を、生前に知って出てきたのである。

しかし、その欠陥舟であっても、船頭（魂意識）がしっかりと、生きる喜びを知ったならば問題がないはずなのだ。

ところがあなたは、肉体欠陥の事実によって、船頭である魂、その中心の心まで欠陥車にしてしまっているのではないか。

本来、人間の心は、万人が丸く広い豊かなものであったのだが、五官を通しての煩悩によって、心まで欠陥車となってしまうのである。従って、貧乏人に生まれようが、金持に生まれようが、すべて自分が定めてくることだ、ということを知るべきである。たとえ私生児であろうが、それもその人間の希望であり、そうしたきびしい環境において、人生に疑問を持ち、やがて心を悟れる道として選んできた、というのが真実なのである。

人間の生まれた環境が基準ではないのだ。基準は、正しい心の在り方を悟り、新しい人生におけるより豊かな学習をいかに修得するか、ということにあり、それが重大なのである。

実在界において定められている人生の基準には、経済力も家柄も、地位、名誉、学歴などこの世におけるものは、関係がないのだということを知らなくてはならないだろう。

イエスもゴーダマも、決して大学に行ってはいないし、別に経済力もなかったのだ。執着になるような諸問題にも心を動かさないというのが、悟った人々の心の姿なのである。

また、たとえ、人種の異なった混血児であっても、自らの希望によってその肉体舟を選んだのである。

あの世では、人種差別もないし、人類は皆兄弟であるということは誰でも知っているし、あの世の上段階に行けば、国境の存在もないのである。

この地上界における国境も、あの世では、地球という一つの修行場としてしか考えられてはいないのである。

人間は、皆平等なのだ、ということを知っているのだ――。

「――あなたは、生きているということに感謝する心が薄いのです。常に不足ばかりをいって、自らの心に欠陥を造り出していることを反省すべきであろう」

私は、じゅんじゅんと、実在界の仕組み、神理について説明したものであった。

Sは、良く理解し、この日からすっかり心を入れ替えた。そして今は、立派な建築技師の道に励んでいる。

世間には、こうした盲目の人々が何と多いことだろうか。

自己中心に考えてしまうため、中道の道を忘れ、両極端なものの考え方になってしまうのであり、ここに、苦しみや悲しみの原因があるということである。

また、自己中心主義に陥りやすいのは、本当の人生の価値というものが良く解かっていないからであろう。

それは、心の歪みが、正しい判断を狂わしているのである。

憑依霊と病い——現代医学との空間

この問題は、眼で見ることができないから、現代医学では非常に判断しにくいものだ。

今度の質問者は、福島の造り酒屋の、三十六歳になる夫人である。

「私は、一九七一年十月二日から一週間下痢が続き、熱が下がらないので、医者に見てもらいましたが、足腰がしびれて自由が利かなくなり、一向に治りません。地元の専門医にも見て貰いましたが、入院以外にはないだろうといわれ、三カ月間郡山の病院に入り治療しました。ところが、逆に足が細くなり始め、東京にある目黒の病院に紹介され、遂に今日から、腰から足にギブスをはめることになりました。丁度(ちょうど)、お見舞いにこられた主人の友人のHさんに、もしかすると、あなたの病気は憑依霊かも知れないから、浅草の八起ビルに行き、相談しなさいといわれてきたのです。憑依霊と病気について、お教え下さいませ」

飛び入りの患者さんである。しかしそういう夫人は、坐っているのも大儀のようである。現代医学から見離された病人は、藁をもつかむ思いで、何とか助かりたい、子供もまだ小さいし、このままでは大変なことになってしまう、下半身麻痺の状態で一生をすごすことも悲しい、という思いでいるのが良く解かる。

切ない気持だ。しかし、病気を治すには、まず神理を理解して貰うことが先である。そうして貰わなくては、患者の心の歪みを解くことができないのである。

また講演会の最中である。多くの人々が聞いているし、プライバシーにふれてしまうことにもなろう。私は質問した。

「あなたの個人的な問題にふれても良いですか」

「はい、どんなことでも結構でございます」

「本当に驚きませんか。あなたの心のなかで思っていることまで申し上げて良いのですか」

私はもう一度念を押した。夫人はなかなか聡明な人である。こういった。

「私は、まないたの上の鯉でございます。どうぞお教え下さいませ」

「あなたの腰には、大きな蛇が二重に入っています。また頭には白狐が憑いております。そのために、頭もはっきりとしないはずです。また夜もあまり眠れないでしょう。そのような動物霊も、憑依霊といえます。憑依しているのは、あなたの心と行ないに原因があるのです」

夫人に憑いている動物霊達は、私に見破られていることを知っているため、次第に夫人の顔色が変わり、一人で起きているのも非常に苦しいようであった。

講演会の出席者が二、三人、夫人の背中を支えるようにした。私は説明を続けた。

「あなたの家は、先祖代々の造り酒屋ですね。あなたの姑の命令で、屋敷内に祭ってある稲荷大明神や竜王のほこらに朝夕供物をして信仰しているはずです。姑は非常に気のむずかしい人で、今笑っていたかと思うとすぐ怒り出したりするといった具合いで、あなたは大分苦労しているようだ。あなたの前に、兄さん夫婦も、姑と意見が合わないので家を出たようですね。あなたは、この姑に嫌われまいとして、顔で笑って、心のなかではいつもいらいらしながら生活をしているはずです。あなたは、他人の前ではとりつくろっていますが、心のなかでは、恨み、そねみ、そしり、怒りの塊りになっています。常に私さえ我慢すれば、我慢すればと心のなかで自分にいい聞かせているはずです。それに間違いはありませんね」

夫人は、真青な顔で、

「一つも間違いはありません。その通りでございます」

といったが、その言葉が精一杯のようであった。油汗が額から流れている。

きびしい追及だが仕方がない。このような動物霊に支配されているということは、自分の心に間違いがあり、類は友を呼ぶ法則に従って、自らの心と行ないとが蒔いた種だからである。

「あなたは、竜神や稲荷大明神を一所懸命に祈っているが、その実体を見ましたか。何のためにお祈りをしているのですか」

「先祖代々伝わっているものだからです。商売繁盛の守り神だと、月に一回私の家にくる行者が詞を上げると出てくる神様が、いうのです。いろいろと商売のことを教えるので、私も信じておりました」

「残念なことに、あなたの家は、一所懸命にお祈りをしているわりには、雰囲気が暗く、皆不幸な死に方をしていますね。一所懸命に祈っているあなたの家族に、本当の神がなぜ不幸を与えるのか、不思議とは思いませんか」

「不思議で仕方がないのです。稲荷大明神も竜神様も神様ではないのでしょうか」

「あなたの家に祭ってあるものは、大きな蛇と狐です。竜神や稲荷大明神と称する者は、実在界にいます。光の天使のなかで、上段階光の大指導霊になるための修行として、狐や蛇や竜達、霊的な力を持っている動物達に神理を教え導くための役職に就いている者達を、仏教ではそうした呼名で呼んでいます。実在界においては、もっともきびしい修行の場といえましょう。その役職は、この地球上の三〜四百年近くにも相当する期間担当する仕事で、増上慢になりやすく、堕落しやすいむずかしい修行なのです――」

それは誘惑の多い世界だといえる。

動物達は、人間と違って、非常に扱いにくく、この指導者から逃げ出す。それは、きびしい修行が毎日の生活のなかに組み込まれているからである。

そのため、霊媒や拝み屋によって出てくるときは、このような狐や蛇や竜達が、稲荷だの竜王だのと自称して出、人間を欺してしまうのである。

盲信者や狂言者達は、肉体的現象として、見ることも聞くことも話すこともできないため、確認できずにそれを信じてしまうのだ。

他力本願の大きな誤りがここにある。

動物霊達の多くは、万物の霊長に近づくための修行をしているが、それは非常にむずかしい。

彼らは、人間になりたい心があるため、つい人に近づくのである。

人間のほうもまた、お祭りをして一所懸命に祈り、それに対する仕事をしているうちは良いが、生活が楽になってしまうと彼らに見向きもしなくなる。それが人情といえよう。

動物霊達は、商売繁盛に協力するが、人間の心が変わってしまうと牙をむき出す。

俺達を利用した。人間は勝手なものだ。ようし、今度は不幸にしてやる、と怒り、商売や家族を不調和にして、混乱を造り出して行くのである。

たしかに、人間は勝手なものである。頼むだけ頼んでおいて、良くなってしまうと、知らん顔をしてしまう人々が多い。

動物霊達が怒るのも、むしろ当然であろう。たとえ地獄霊達といっても、彼らも神の子であるということだ。

だから、商売が繁盛したら、良くお祈りをいって供物を上げ、心から感謝して、一度引きとって貰えば良いのである。

それを、見えない、聞こえない、話せない、次元を超えた世界のため、つい粗末にしてしまうのである。

しかも、習慣化した朝夕の祈りには、感謝の心はすでになくなり、もはや祭ってあるから、仕方がないからやっているのだということになり、生活のお荷物としてしまう――。

「――このような姿を見たときに、さわらぬ神に崇りなし、ということが、実際のこととして現われてくるのです――」

私はこのように説明した。

夫人は、良く解かったようであった。

このような怨霊が、地縛霊となって、心の不調和な人々の心に憑いてしまい、人をノイローゼにしたり、気違いにしてしまうのである。ある人には、肉体的な不調和となって出現してくるというわけである。

知らないということほど、恐ろしいものはない、といえよう。

夫人の腰と足に、実在界の光の天使に頼んで入って貰い、私が憑依霊をとることにした。私は夫人の前に坐って、地獄霊に対した。

「当体に憑依している動物霊達よ。

お前達は、盲目同様な人間に憑いて、竜神だの稲荷大明神だのと偽って、守護神のようなことをしてはなりません。

すぐに離れなさい。

そして、これ以上罪を造ってはならない。

お前達が憑いている夫人も、正しい心で、今までの人生で犯してきた罪を反省しているのだ。

お前達も、お前達の住む世界に帰らなくてはならない。

また、先祖の諸霊よ。

あなた達も、この地上界に執着を持って、子孫達に迷惑をかけてはならない。

まず、あなた達の世界は、この地上界ではないのである。

あなた達が、この地上界に執着を持つとすると、その場所が地獄界ということになっているのだ。

地獄界にいるということは、あなた達がこの地球上で生活をしていたときに、その原因を造っている、ということを知らなくてはならない。

あなた達は、自分の心に嘘がつけますか。

嘘がつけないということは、あなた達も神の子だという証しなのだ。

その嘘をつけない、中道の片よりのない心で、あなた達が人生航路において、思ったこと行なったことを、一つ一つふり返ってみることだ。

もし間違いがあったなら、素直な心で神に詫びなさい。

そのとき、あなた達の心の曇りは晴れ、神の光によって満たされ、あなた達は本当に暖かい平和な天上界に帰ることができるのだ。

今日、今から、この夫人を離れて良く反省しなさい」

私は地獄霊に良くいい聞かせて、掌をもっとも悪い腰と足の関節に当てた。約十分くらいすると、腰を巻いていた大きな蛇を、実在界の光の天使の姿をしていた竜王が引っぱり出して連れて行ってしまった。

先祖の霊達も右側に出たが、彼らは、私の守護霊に連れられて行った。

「奥さん、もう何もおりませんよ」

と私がいうと、

「ああ、何だか腰が楽になりました」

といいながら立ち上がり、新しい驚きを発見するのであった。普通の身体にもどってしまったからだ。

「一人で自由に歩ける。ああ不思議、信じられない、ありがたいありがたい」

夫人は、胸にこみ上げてくるものを押えることができないで、嬉しさのあまり、その場に泣き伏してしまった。

病院では、ギブスを着けることなく、退院したのであった。

この夫人は、良い嫁でありたいということから、どんなつらいことも、自分の心のなかに押し込んで、私さえ我慢すれば、という毎日の生活で、自分の豊かな心に歪みを造ってしまったのである。

その心の曇りが、不調和な霊達に憑依される原因となってしまったのだ。

人前で、心を偽って生活していても、自らの心の苦しみから抜け出すことはできないのである。

人間は、感情的にならないで、中道の正しい心で生活することが、もっとも大事だといえるであろう。

感情的な言動は、他人を傷つけるばかりではなく、自分自身の心に大きな傷となって現われてくるものだ。

それは、自分の利益のみを考えたことによる反作用である。

自己保存がもたらした苦しみの結果といえよう。

心を忘れ去った医者は、正しい患者の診察を不可能にしてしまうだろう。

他力信仰と自力——念仏三昧で救われるか

人間というものは、いつも何かに縋り、頼ろうとする。

だから、苦しいとき、悲しいときなどは、自分を見失ってしまう人々が多いのである。

自分の病気を何とか治していただきたいと、信仰の道に入る者は神に依頼する。きびしい貧乏生活から解放されたいとか、勉強ができるようにとか、志望校に入れるようにとか、愛情問題とか、そのほか悩み一切の解決を祈願する。また、商売繁盛とか、子宝に恵まれるようにとか、交通安全、安産、霊媒を通して死者との対面など、この世のなかは他力信仰が花ざかりである。

この質問者は、念仏を信仰するある講の信者で、その信仰をすでに五十年も続けているといわれる熱心なSであった。

質問に関しても、仏教哲学を学んでいるため、専門的な言葉で、念仏の正しさをいうのであった。

阿弥陀如来を信じ、念仏を上げることによって人間は皆救われるのだという。人間は、誰でも大きな〝業〟を持って生まれてくるのである。救われる道は他力本願以外にはない。阿弥陀如来の慈悲に縋っていれば、自ずから光明の道に導かれて行くというのである。

念仏の功徳を説き、念仏を唱えていれば、この世を去ると、必ず弥陀浄土に行き、阿弥陀如来のもとで極楽の生活が送れるという。

まことに結構な教えである。私は問うてみた。

「仏教とは何でしょう」

するとSは、

「お釈迦様の教えです」

と即座に答えるのであった。私はいった。

「お釈迦様の教えのなかに、念仏を唱えて阿弥陀様を拝めと、どの教典に書いてあるのか教えて欲しい」

「それは、仏教を学んで悟られた親鸞の教えである」

とSはいう。

しかし、勿論私には、それを信じることはできない。

仏教の根本は、苦しみから解脱する道を教えているのであって、正しい実践生活を説いているものである。

従って、偶像や曼陀羅を拝めとは、どの仏典にもないはずである。

太陽の光も、雲によって遮られてしまう。まして、人間の知恵が造り出した副産物のスモッグにおいておやである。このスモッグによって、どれほどの人々や、動植物が犠牲になっていることだろうか。

このスモッグや他の公害を、他力本願で果たしてなくせるであろうか。

スモッグを出さないように、研究し実行する以外にはないのではなかろうか。

人間が一切の苦しみを造り出して、果たして阿弥陀如来がその後始末をしてくれるだろうか。

そうした考えでいるとしたら、とんでもない間違いを犯しているといえよう。

そこで私はSにいった。

「もし、あなたのお子さんが悪いことをして他人に迷惑をかけたとする。あなたは、子供に代って、迷惑をかけた他人に対して詫びるだろう。だが、子供には改悛の情がなく、また同じ間違いを犯し、あなたの手に負えないとしたなら、あなたはどうしますか」

「私は、仏様に、子供の間違いを正すよう念仏を唱え、子供に、きびしくその間違いを正させます」

「それでも駄目なときはどうしますか」

「哀れな子供だと思います」

「それで諦めてしまいますか」

「どうにもなりません……」

「阿弥陀如来は、やはり諦めてしまいますか」

「……私の教育に問題があるのでしょう」

「そうです。あなたご夫婦の教育と子供に問題があるのです。他人に迷惑をかける理由、すなわち原因がどこにあるかを知り、その原因をとり除くことによって、今後同じ間違いを犯さないよう、方法を考えて実行することが必要ではないでしょうか」

「そうだと思います」

「そんなことになると、親であるべきあなたにも、子供は頼ることができないのではないでしょうか。子供が、自分の間違いに気がつき、迷惑をかけた人々に心から詫び、その誤りを償い、心のなかが清々としてこそ、始めて罪業というものは消えるはずです。

私達の信仰も同じことだ。自らの誤りを訂正し、心の曇りが晴れれば、神の光によって心の平和がよみがえり、丁度(ちょうど)スモッグが晴れたようになるでしょう。つまり、自力によってこそ他力の光に満たされるのです」

「はい、解かりました。私は先祖代々の習慣に流されていたようです。正しい仏教は、自らの心を正して、苦しみから解脱することだということが解かりました」

私達は、旧来の陋習を破り、自らの心を目覚めさせることが大切であり、実践が自らの心を豊かにする道だといえよう。

許すことも愛であり、本人の幸福のためには、きびしく指導することも愛だといえる。

すべて、個の生命が、人間として、生まれてきた目的と使命を自覚して、自らにきびしく、他人に寛容な心を持って、片よりのない生活をすることが必要だといえよう。

自らの暴力によって他人を殺し、その冥福を祈ったところで、その念仏が相手を救うことができるであろうか。

良心の苦しみは、他人には救えないのだ。

苦しみから解脱する道を聞いても、自らの心が納得しない限り、その苦しみから逃れることはできないものである。

つまり、自らの正道の実践なくして、他力本願の道は得られないということだ。

白蛇との対決――浄霊をするという人

「私は、○○教団で、上級研修を終えた導士ですが、憑依霊をとることができます。そしてこの憑依霊を供養するために仏壇に祭り、○○の業をしております。それには、○○教団で与えられている〝御魂〟をお受けしていなくては○○業はできません。私は、御魂を首にぶら下げているため、あなたを浄霊することができますが、いかがでしょうか」

というのは、千葉に住む○○教団の闘士であった。

私を浄霊するというのである。三十歳近いＯＬふうの女性で、こざっぱりした人だが、なかなか自分の宗教に自信を持っていた。

私はいった。

「あなたは、その霊の姿や、他の憑依している迷える霊を見ることができますか。またそれらと聞くことや語ることができますか」

女は答える。

「私は○○の業ができるし、〝御魂〟を受けていますから、見えなくとも聞こえなくともまた話せなくとも、憑依霊をとって、あなたを浄霊できるのです」

「浄霊とは、どんなことをするのですか」

「人間は、地獄霊に憑かれるため、病気になったり、いろいろな苦しみが生じるのです。ですから、その霊と良く話をして、供養すれば病気も治り、〝御魂〟が神の光を受けて、私の手かざしで魂が浄化されるのです」

ということで、私が実験台に立つことになった。

しかし私が見ると、彼女の腰には、大きな蛇が二巻きしている。そして彼女の頭の上に首を出している。

私達のグループのなかには、憑依している一切の霊を即座に心眼で見ることができる人々が多勢いるため、無言で成り行きを見守っている。

決して論争や否定などをする人などいないし、極端な判断をして、ひとりよがりの結論なども出す者はいない。

しかし、疑問は持っている。そして、正道との違いを見るために必要であるから、納得するまで信じようとはしない。

女のいう通り、うしろ向きに坐った私に憑いているらしい霊に向かって、女は大きな声で、

「おしずまり――」

と声をかけた。そして、私の背中に手をかざしているようである。

可哀そうな女性だ、と私は思ったが、今はこれ以外に彼女を助ける方法はない。いわれるままにしてやることが必要であった。

彼女は一所懸命に御魂を信じているのだし、たとえ私が神理を説いたところで聞くはずもない。結果が出れば、目覚めるだろう。

しかし、彼女の守護霊も大分悩んでいることが、合掌している私にはっきりと解かる。古代印度スタイルをしたその守護霊は、私に話しかけ、申しわけありませんと、頭を下げているのであった。

守護霊も、そばにつけない状態なのである。

二〜三分時間が経った。彼女は手かざしをやめて、合掌した両手をくねらせ、蛇のように身体まで動かしている。

もう、そのままにしておくわけにはいかない。私は、彼女の前に坐りなおした。彼女はすっかり大蛇に憑依されて支配されてしまっているのだ。

私を浄霊してくれるはずなのに、その本人がすっかり大蛇に身心をゆだねてしまっている。

その姿は哀れであった。私は彼女が可哀そうで、涙に眼が曇った。

しばらくしてから、私は憑依霊にいった。

「お前は、この者に憑依しているが、名乗りなさい。先ほどから私達に見破られている
ことを知りながら、浄霊とは何ごとであるか。自らを浄めなさい。自分の姿を、お前は
自分で語りなさい」

するど、彼女はさらに身体を上下左右に動かす。やがて、憑依霊は、彼女の口を通し
て語り出した。

「私は蛇です。白い蛇です」

「お前はどこからきたのか」

「私は光竜の眷族で、この女を指導している。人間は馬鹿だから、こんなペンダント
を、高い金を出して買って、〝御魂〟だなんていって首にぶら下げているんだ。粗末に
すると罰が当たるといわれているものだから、風呂に入るときなど大事に外しているよ。
……俺達は、金儲けをして、一大王国を築くんだ。だから、神様のためにといって、金
を出させているんだ。盲信者を欺すにはこれに限るのさ……。光竜は、こいつの親分の
腹のなかに入って親分を支配しているから、その王子も大好きだ。俺も王子が大好きだ。
人間は、先祖が憑いていると思ってるんだ。この女もそのために心がざわついて夜もあ

まり眠れないんだ。疲れるから昼間は寝てばかりしているわ……。そして、道場でお浄めをしているから、俺達の配下がどんどんできるっていうわけさ……」

とんでもないことをいい出したのである。

私はいって聞かせた。

「この地上界の人類を、お前達のような動物霊が支配できるはずもないし、人類は、お前達ほど間抜けではない。やがて、人類は、自らの愚かさに目覚め、神の子としての自覚をするだろう。お前達も、神の子であるならば、身のほどを悟らなくてはならないのだ。たとえ人間を狂わしても、お前達もそれ以上の苦しみを受けるだろう。お前がいつまでもこの女性に憑いているなら、私は強引に引き離すだけである」

彼女が信じ切っているため、困難はあるだろうが、人間は、このような者に支配されてしまうと、廃人同様になってしまい、さらに類は家族にまで及んでしまうのである。

私は、憑依霊に神の光を与えた。憑依霊は次第に苦しくなり、自由が利かなくなって行く。身体をくねらせてその力を失って行く。彼女も苦しそうだが、しばらくの我慢が必要だ。

このとき、彼らの親分でもあろうか、金色の大きな竜が、ボールのように大きい巨眼をぎょろぎょろさせて出てきた。長い二本のひげを交互に動かしてこちらを眺めているが、私達の心が執着から離れ、光に覆われているため、そばに近づけないのだ。

そうするうちに、光の天使で、竜や蛇を支配している竜王がそばにきて、遂にこの蛇を強引に引っぱり出して連れて行ってしまった。

それも、彼女の心のなかで、それが離れることを自覚したため、離れることができたのである。

合掌している手の先から、憑依霊が出ると同時に、彼女の身体は前に倒れ、しばらくは意識不明の状態が続いたのであった。

涼しいところで休ませた。約十分くらいで意識が回復してきた。彼女は、もとの自分に返ると、しばらく呆然として周囲の人々を眺めていた。先ほどの元気はどこかに消えてしまったようだ。

飛んで火に入る夏の虫とは、こんな場合をいうのだろうと、私は彼女をみつめていた。

彼女は、三年近くも、不自然な信仰によって自らを苦しめていたのだ。心は常に安らぐことなく、浄霊とやらいうことを多くの人にほどこしてきたのだが、それも今やっと救われたのである。

憑依していた動物霊も、光の天使に救われて、光竜の支配下から逃れることができた。

この光竜は、かつて天上界で鉄眼といわれた中国の僧侶が、竜王として動物霊達に神の子としての道を教えた頃の竜であったが、竜王のもとでのきびしい修行に耐えることができず、地獄界に堕ちていたものである。

法力があるため、人々の心を神だ仏だといって、増上慢の指導者に憑いているものなのである。

鉄眼は、丁度（ちょうど）日本の角力とりで大内山といった人に良く似ている顔立ちをしているが、非常にやさしい光の天使である。

その人がいうには、地上界の人間の心が彼らを呼ぶので、天上界の光の天使達はどうにも仕方がなく、増上慢な心の持主には全く困っているということであった。

この彼女から、動物霊が抜け去るときに、光の天使はそばに立ち、はっきりと姿を見せていたので、私達にはこの事実が解かったのである。

彼女は苦しみから解放されて、昔の元気な心をとりもどし、今は幸せな家庭の主婦として生活をしている。

勿論、〇〇教団はやめ、「さわらぬ神に崇りなし」のことわざの通り、その後間違った信仰には入っていない。


このような人々が、毎日のように私達のところに押しかけてくる。

それだけ、自らを悟らないで、身も心も他力信仰にゆだね、熱中している人々が多いといえよう。

善鐸とは、自らの心を失い、腑抜けになってその人生を無為にすごしてしまうことだと、私達は自らの心に刻み込まなくてはならない。

たとえ自力といっても、自力の正道を外してはならないのである。

それは、空中の楼閣にしかすぎないからだ。

移り行く心の変化を、いかに正しい状態に保つ生活が大事なことであるか、ということを私は痛切に感じるのである。

そして、不自然な宗教団体は、その内部において必ず権力闘争がくり返され、常に疑問、疑問の渦のなかにおり、人々は苦しみながら生きているということを悟るべきであろう。

それは、地位と金だけが、彼らの魅力だからである。

彼らは、そこで、自らの心を地獄に売って、安らぎのない人生航路を送っている愚かな人々なのである。

そして、信者を食い物にして、浅ましい阿修羅界や餓鬼界を、自らの心のなかに、また集団のなかに展開しているのだ。

それはもはや、仏教でもなければキリスト教でもない。もし、形を借りているとしたなら、彼らは、仏教やキリスト教を、だしに使っている偽善者達であるといえよう。

その罪は、生きているうちに、家庭環境やその周囲に現われてくる現象によって償わなければならなくなるであろう。

また不調和な心の人々にも、神はきびしい警告を現象化するであろう。それは、自ら蒔いた悪の種の結果を刈りとるべき、神の子としての掟だからである。

すべて、他人のせいにすることなく、自らを反省してみることだ。そして、中道という調和された、片よりのない正法を心の物差しとして、計ってみることが大切である。

信じる信じないは別として、いやでも自らが自分の想念と行為を裁くときが近づいているということを知らされるであろう。

そして、それから救われる道はただ一つ、自らの想念と行為を正して、誤りを修正することである。

それには、勇気と決断が必要であろう。

一切の執着から離れて、人間らしい正しい生活をすること、それが自らを救うことになる。神の掟は、間違った道を教えている人々に適用されるからだ。

この泥沼から抜け出すのは、自らの心と行為以外にはないのだ。

そしてそれには、誰も力を貸すことはできないのである。

第六章　生命の秘密

現代医学で生命の秘密が解けるか

生命の神秘、人間は、誰でもこの謎に興味を持つだろう。

しかし、私達が、このことを唯物的な考えで追究しようとしても、永遠に解くことはできないだろう。

なぜなら、それは、唯物的な次元とかけ離れた世界に存在するからである。

この質問は、九州で開業している四十二歳の医学博士とのやりとりであった。

私はこの医者に、

「あなたは、人間の精神作用は、どこで起こるか知っておりますか」

と、まずむずかしい質問を投げかけた。

医者は答える。

「大脳の働きによって起きるものと思います」

「では、感応作用についてどう考えておられますか」

「私が患者に対して病状などを語るとき、非常に危険な状態になっているときは、患者の精神作用に影響しないように説明をします。なぜなら、私の言葉が、その生命を左右する力を持っているからです。このような場合を感応作用といえると思います。それは、病状を、私の診察の態度、顔色などによって、敏感に感じとる人々もいるからです」

感応も精神作用に属するということだ。そして、精神作用は、大脳の働きだといっている。

私はさらに、次のことを質問してみた。

「あなたは、精神作用は大脳の働きだといっておりますが、では、患者が眠っているとき、あなたの言葉によって感応しますか」

「眠りの状態によって違うし、感応しているかいないかは、患者が語らない限り解からないでしょう」

この医者は、患者が解かっているかいないかは、患者が語らない限り、私の想像にしかすぎないといっている。確かにそうだろう。

しかし、大脳の働きによって、精神作用が起こるのであれば、眠っていても感知できるはずだと質問したが、医者は、それは心理学的な分野だといって、語ることを避けてしまった。

大脳が精神作用の根本であるならば、記憶の領域も、大脳の領域のなかに仕組まれているといえよう。

しかし、ここで問題になるのは、眠っていても、鼻の穴や耳の穴はあいているではないか。とすれば、大脳はすべてを記憶しているはずである。だが、眠っているときには、記憶はない。つまり、眠るということ自体が解明されない限り、謎に包まれたままなのである。

五官を通して思うという精神作用、五官を通さないで想像する精神作用と二通りあるが、これも大脳の作用によって起こるのだろうか。

私はまた質問してみた。

「大脳の皮質に脳波の現象が起こっているが、なぜ、電気的現象が起こるのですか」

「皮質の神経繊維の外部と内部に＋−(プラスマイナス)の電荷が帯びられ、電気的現象である脳波が起こるようです。私は内科ですから脳細胞のくわしいことは解かりません。ですから、私の学んだ程度では、あなたが納得するような答えはできませんね。それは、脳外科、神経内科あたりの専門医に質問したほうが良いと思います」

私は、電子工学や物理的な学問は好きだから今までも学んできている。脳波の電子機器も、そんな関係で友人の会社から依頼されて、何台も造ったことがある。

こう専門が異なっては、医者に専門外のことを聞いても無理かも知れない。

私はただ、生命の神秘について質問する以上、人体に関しては、全部知っているものと思ったからそう聞いたのである。

脳波という電気現象が起こることは事実である。

波が揺れている以上、必ず振動があろう。

「この振動が曲者である」と、私の指導霊は教えている。そしてさらに、

「人間は、肉体的な作用と精神的な作用という相関関係によって、存在しているということは間違いはないのだ。

精神作用は、〝魂〟の動きで、全く次元が違った世界であり、肉体的な次元と連結されているのである。

たとえば、三次元の物質的な世界と、三次元の一面である二次元の世界が共存しているように、それは、四次元の世界の、三次元的な立体の世界といえるだろう。

五官を通しての大脳皮質の脳波の振動が、次元を超えた三次元の連結体から、魂（意識）の中心である心の想念の領域に伝わってくる。これを曲者といっているのだが、脳波の電気的振動が通信されているのである」

という。

そのため、眠っているときは、肉体から意識が離れているから、解からないのだ、というのである。

思ったことを表現する場合も、想念から出る発信機の振動が、大脳に働き、肉体的表現になって現われてくるということだ。

さて、ここで問題になっている生命の神秘ということだが、現代の医学者は、肉体的な染色体細胞について研究しているので、それは意識（魂）の次元とは異なった、三次元的、唯物的な追究といえよう。

私の指導霊は、いかに細胞の研究ができても、魂・意識（精神）の作用を発見することはできないのだ、といっている。

　探究している分野が違うからだ、ということである。

「夜中の月を研究して、太陽の謎を解こうとしている」

ともいっている。心を失ってしまったこの医者には、心の問題は解からないのだ、ということだろう。

　このような医者は、迷医でしかあるまい。

　細胞は、細胞としての生命を持っているが、この生命は、肉体舟としての生命である。その船頭である〝魂〟は、肉体舟の支配者であるということである。

　色心不二といわれている仏教の意味も、肉体と心ということを説明しているのである。

　心ある医者になるには、まず肉体的な諸現象の追求とともに、自らの心の生活を正すことが大切であるということだ。

　そのとき、心の曇りは晴れて神の光に満たされ、あなた達と同じ研究を続けてきている実在界の専門指導霊が、あなた達の追究している努力と研究に、諸問題の解決に、協力を惜しまず、力を貸してくれるのである。

そのとき、医は仁術となり、あなたは名医になるといえよう。

つまり、医学もまた、心を失った状態から、不変的な医道にもどることが大事である、ということだ。

こうしたやりとりのあと、質問されたこの医者も、つまるところは、医学の追究とともに、自らの心を、広く豊かな丸いものに造り上げなくてはならないのだ、ということに気がついたらしいのである。

その後、たびたび、私の講演を聞きにくるようになったことでも、そのことは解かる。

また、精神医学をやっている医者、外科医など、専門医の多くも講演会にきているのを見ると、私は、医学の行きづまりというものを痛感せざるを得ない。

彼らは、魂だの意識だのといわれると、ほとんどその心を閉ざしてしまう。

それは、精神作用を解決する道を模索しているか、あるいはかたくなな唯物的エゴイズムの現われであろう。

ある脳外科医はまた、こんな質問をした。

「私が扱った患者で、脳手術の前は、常にいらいらして感情的に起伏のあった人が、手術の結果、人が変わったようにおとなしくなり、物ごとも正しく判断できるようになった。やはり人間は、肉体的条件が絶対であると思う。どうですかね」

　私は、聞いてみた。

「同じようにいらいらしていた性格の者達が、全員良い結果が出たということですか」

「いや、全員とはいえません」

　なるほど、と私は思った。地獄霊は、正しい心の在り方を知っている人には憑かないが、不調和な心の人々には、肉体までも支配するということもあるだろうと思ったのだ。

　人格が変わってしまうということは、その人の心の状態がすべて作用しているということを知るべきだ。

　私達の心の針が指している状態が、地獄か極楽かということである。その状態が地獄に通じていれば、不調和な地獄霊に支配され、感情の起伏が激しくなるのも当然だ。それが、手術というきびしい環境に会い、多くの患者のなかには、自ら心を修正して、気分転換をする人もいるから、医術によって心まで治る者も出てくるといえるのだ。

　つまり人間には、外科的手術と相まって、心の手術が必要である、ということだ。

心が、正しい中道の判断ができて生活をしている場合、私達のほとんどは、本来の自分自身が支配している。だが、心の受信装置が開かれている場合、心が正しい生活をしていないと、地獄霊に支配され、本来の性格と違った不調和な人格に変化してしまうのである。

良くいう気違いというのは、間違いなく地獄霊がその人の肉体意識を支配している姿である、といえる。

その場合、私達には、地獄霊がはっきりと見えるのである。

心のなかに、恨み、妬み、そしり、必要以上の我慢をするといった暗い想念を詰め込んでしまった者達が、支配されやすいのである。

私達は良く、胸騒ぎがするとか、何となくいらいらするとか、心のなかがざわざわするといった場合があるが、これは、必ず、不調和な心が働いたり、不調和な行為をしたときに起きるものである。

心のなかがざわめいて、何だか落ちつかない状態が続き、自分であって自分でないようなときは、間違いなく地獄霊がきているということを知らなくてはならない。

正しい心の物差しで、自分の思ったこと、自分で行なったことを勇気を持って反省し、間違えてしまったことは心から神に詫びる。そうしたとき、初めて心の曇りは晴れ、神の光に満たされる。そうしたときは、地獄霊は近づくことができないのだ。

地獄霊に支配されてしまうと、夜は眠れないで、昼はうとうとしている場合が多い。この地上界の昼は、人々が活動しているため、非常に霊域が乱れてしまうが、夜になると眠ってしまうから、霊域は静まってしまう。

つまり、地獄霊達は、不調和な人々の心の支配はしやすい、ということだ。

少なくとも、二晩も眠れないで、心のざわめきが起こったら、先に説明した反省をするとともに、医師に相談して、身心を休める指導を受けなくてはならないだろう。

憑依されている場合は、暗い静かな場所を好み、昼間はなるべくおとなしくしているようである。そして、夜になると、彼らが支配するため、元気をとりもどす場合が多い。

それも、弱々しい地獄霊、たとえば失恋などで精神異常を起こしている場合は、同じような類がその人を支配して悲しんでいる。

ところが、相手に対する憎しみが増大してくると、それと比例した憎しみの地獄霊がその人を支配して、今度は躁鬱病にしてしまうといった具合いだ。

いずれにせよ、地獄霊は、その人の心の状態によって憑依するので、必ずしも持続的である、ということはないのである。

これらの病人といえども、まともに返っていることもあるのだから、そのまともなときに、良く〝正法〟を教えることが大事であり、反省するように指導すれば救われるのである。

ただ、まともでいるのかそうでないかを見分けるのは、一般の人々にはむずかしいことだろう。

このような精神病に関しては、身近の肉親もその原因を反省し、家庭の調和を、理由のいかんを問わずはからねばならない。

調和性のない、意地っぱりの人々は、病気になるおそれが多いのである。いつも、心のなかに、憎しみを押し込んでいるからだ。

また、いかに他人の前で美辞麗句をいっても、心のなかでは逆の人々があるだろう。

そうした人前をつくろう人、気にする性格を持っている人々にも、その心の暗い曇りに、地獄霊は憑きやすいであろう。

病気と現象――四十九歳の婦人の場合

その実例を挙げて説明しよう。

ある日、神奈川の相模原に住んでいた四十九歳の婦人が、私の事務所を訪れてきた。彼女は夫と別れ、水商売をしながら子供を育ててきた。性格は非常にきつく、他人との交際を嫌い、すぐいらいらして口論をするため、今は友人もいない。

こうした性格だから、商売のほうもうまくゆくはずがない。

その結果、肉体的にも不調和になった。

首筋が張り、頭はいつも重い。耳鳴りはするし、つらい生活を送っている。

そのため、耳鼻科から精神科へと、病院通いも十五年近くなる。しかし、一向に快方に向かわないのだという。

その結果、救ってくれるのは、もう神様以外にはないだろうということで、あらゆる拝み屋まで含めた宗教の門を叩いたそうである。

たまたま週刊誌の「女性自身」やNETテレビ、NTVテレビなどで、紹介された私達のグループのことを知り、訪ねてきたのであった。

勿論、興味本位できたのである。

私が、彼女を見ると、その肩に大きな白い狐が憑いている。

私は、彼女に腰かけをすすめた。狐は、大きなふっくらとした尾を左右にふっている。

「奥さん、あなたは、背中を何か大きな筆のようなものでなでられている感じがしませんか」

と私が質問すると、

「今も何かになでられているようです。神経痛のような、電気にしびれているような感じです。このようなことはいつものことです。医者に診て戴いたら、神経痛だよ、血液の循環が悪いのだ、といわれ、良く神経痛の注射を打って戴きましたが、すぐもとのようになってしまいます。もう生きて行くのが厭になりました。頭が重い、耳のなかでいろいろ変なことが聞こえるといっても、誰も信じてくれないのです。本当に、私はとんでもない病気にかかってしまいました」

という。聞いてみれば気の毒な人である。

しかし、この精神的な病気を、実は自分自身が造り出しているということには、気がついていないようだ。

このような人々の特徴として、必ず悪いことは他人のせいにし、自分は善人だと思っているのである。

今は、派出婦として勤めているらしい。しかし、そこでも、友達が意地悪をするのでしゃくにさわって仕方がないという。

他人に愛を与えることなく、他人から与えられることしか望んでいない。慈悲も愛もない性格の人なのである。

気分が悪いと短気を起こし、他人を軽蔑し、自分の我ばかりを主張するのである。相手が憎らしくなると、いても立ってもいられないらしい。そのため、常にいらいらしている。

しかし、そうした状態のなかでも、時折は自分に帰ることがあるのだ。

そうしたときは、何とかしなくてはいけないと思って、信仰したり、医者に行ったりするのだが、また不調和が身体を襲ってくるのである。

不調和なときの彼女は、心もすっかり曇り、その守護霊はそばに近よることができない。哀れな彼女の姿を遠くから眺めて、涙を隠しているしかないのである。すっかり疲れ果てて、

「もう仕方がないのです」

と落胆して、私にいうのである。

この守護霊は、彼女の魂の兄弟で、かつて印度のヒマラヤ地方に生まれ、ヨガーの肉体行をしたサロモン（修行者）であり、心という問題については、あまり悟っていなかったようだ。

ひとりよがりの悟りで、孤独を楽しみ、他人に慈愛をほどこすようなことはなかったようだ。

あるいは、その〝業〟が、彼女に出ているのかも知れない。

たとえ天上界にいても、地上界に出ている兄弟達の生活はいつも手にとるように解か

るので、その兄弟達が、正しい生活をしていてくれないと、守護霊は、本人以上に心配しているのである。

末法の世になってしまうと、心の正しい基準が失われてしまうため、そのなかで人生を悟るということは、本当に困難になるのだ。

指導者自体が、人生の本質を解かっていないため、心の基準をむずかしい言葉で表現してしまう。だから一般の人々には理解できなくなってしまうのである。

私達は、哲学と聞いただけで、特定の人々の学ぶもののように決めてしまうのもこの辺に理由があるだろう。

知だけの悟りになって、心の存在を失ってしまうということである。

私のように、文学的な才能もなく、あまり良い表現もできないが、それでも、何とか一般の人々に神理を知って貰いたい、そういう気持で書く以外に、道がない者もいるだろう。

およそ、文学書や哲学書の頁を繰ったことのない私が、真実だけでものを述べているので、理解しにくいところもあると思う。

しかし、現在、あらゆるところで、私の記述している現象が起こっている事実は動かしがたいのだ。

もし、この現象に疑問があったならば、その解答を得るために、質問するのも良いし、講演会を聞きにくるのも良い。現象を見るのも良いだろう。

疑問から解答、解答からまた疑問へ、そうした追求から、動かしがたい神理に到達するのだからである。

私は、盲信や狂信をもっとも嫌う性格だから、冷静に判断することを主眼にして生活をしているのである。

従って、今立っている婦人に、これから起こってくる現象は、私にとっても他人ごとではないのである。

私達の身近な人々のなかにも、いや私達の心のなかにも、こうした誤りが存在しているかも知れないからだ。

私達の心は、自由に、善と悪の体験が可能なのである。

悪が苦しみを造り出すとしたならば、私達は、一秒一秒の心の在り方と行ないが重大になってくるし、万物の霊長として、ひしひしと責任を感じざるを得ないのである。

「私は、この苦しみから解放されるでしょうか、助けて下さい」

婦人の、この哀願にも似た言葉は、心からの願いであり、守護霊の心でもあった。

しかし、永年の間に造り出してしまった性格を、百八十度変えるということは、なかなか困難なのである。

過去世から一所懸命に、豊かな心を築き上げてきた人々は、たとえ現世において間違いを犯しても、それがはっきりと解かれば、欠点をすぐ修正してしまう。

だが、心の心たるゆえんすら解からない者達が、どのように欠点を修正して行くかということは、勇気と実行以外にないから困難なのである。

たとえ、神理が智で解かっても、堕落したほうが人間誰でも楽だし、下り坂を下るようなものでつい修行を怠ってしまう。

そのことは、この婦人にもいえることだ。

私は、ゆっくりと時間をかけて、この人の心の修正をしよう、焦ってしまうとこの婦人のためにならないし、しっかりした心の土台を築いてしまえば、どんな不調和な台風がきてもその調和は壊れることはないだろう、と思った。

そのため、私はこの婦人に対して、

「あなたは、今日から、人間とは、心とはという問題からしっかりと納得が行くまで知って貰わなくてはなりません。私の著書、『心の発見』の科学篇と神理篇を読み、まず自分自身というものを良く知って欲しい」

といった。婦人は、

「すぐ治して貰えないのですか?」

といった。また自我が出てきて、顔を引きつらせ、私に噛みついてくるのであった。

全く、箸にも棒にもかからない人であった。

そのときは、すっかり例の狐が、本人の感謝の心を隠し、身体全体を覆ってしまうのである。

私は、狐にいった。

「お前はなぜそのように感情的になるのか。その理由をいいなさい。お前は、ただの狐ではないのか。この婦人の心を支配して、このように感情をたかぶらせてはいけません。

お前も神の子ではないのか」

　狐は、私に毒づいた。

「良く見破りやがった。この女は今までな、あらゆる神様を信仰して、馬鹿だから働いた金を多くの拝み屋にとられてきた。そいつらはしかし何も解からなかった。狐だと見破ったのはお前くらいだ。変な光を出していやがるなあ！　眩しくてお前の姿なんぞ見えやしない。太陽のように輝いているわ」

　婦人の言葉は、常人のそれではない。

　すっかり狐の姿である。手は軽く握ったまま腰かけの背に乗せ、その上に顔を乗せている。腰かけの横に足を出して、すっかりふてくされている。今までの婦人の態度とは全く違ってしまっている。

　一座の、二百人近くの人々は、顔をこわばらせてその様子をみつめている。

　初めての訪問者で、誰も、顔見知りの人はいないようだ。

　肉体意識が支配されているため、人格が変わっていることは皆が認めている。

　婦人の行動も動物的動作で、人間のそれではない。女性であれば、乱れた裾などなおすものであろうに、今はそんな気配もない。

私は哀れに思った。そして、このような人は全国に数多くいるだろうとも思った。

地獄霊に支配されているそうした人達が、私には可哀そうでならなかった。人間も哀れだが、このように地獄界で迷っている動物達も哀れなものである。

私が、

「お前も腹が空いているだろう。この女性に憑いて威張っているが、お前の心のなかにも淋しさや悲しさがあるではないか。食べ物が欲しいなら食べ物も上げよう。お前も、たとえ狐であっても、神の子ではないか。お前達の仲間にも、平和で暖かい、明るいそして食べ物の豊富な世界があるのだ。お前は、私のいうことを信じなさい」

と、やさしくいうと、狐は怒った。

「何をいっているんだ。うまいことをいうな。そんなことをいって、つまみ出そうとしたって俺にゃ解かっちまうんだからな。ふざけるな。一暴れしてやろうか、くそ」

狐は、足をふってわめく。それは、まるで犬が人に咬みつくときの、鼻にしわをよせて飛びかかろうとする、あの攻撃的な態度であった。

「お前が怒れば怒るほど、自由を失い、冷寒地獄に堕ちるであろう。哀れなる者よ、怒りを静めなさい」

と私は、腹の底から声を出し、両手の掌を憑依霊の狐に当て、実在界の諸天善神に、自分を失っているこの哀れな動物の心が安らぐようにお願いしたのであった。

するを憑依霊の狐は、

「ああ……寒い、寒い。ああ……寒い……寒い……。えらい奴に見つかっちゃったなあ……。俺は、これだからくるのは厭だったんだ……。一所懸命にとめたんだが、この婆が、勝手にこんなとこにきやがって……。本当につまんねえ奴だ。この馬鹿野郎め！」

とひとりごとをいっている。婦人のはげしい心臓の動きとともに、そして、犬が暑いときに喘ぐような苦しみようである。寒暖が交互に襲ってくるのである。私はさとした。

「お前が怒れば寒くなり、お前がおとなしくなると暖かくなる。お前は、何百年も地獄に堕ちて、あるときは稲荷大明神を名乗って多くの人をごまかしてきた。が、それで楽しいのか。嘘をつくということが、本当は無常ではないのか。今からでも遅くない。心を入れ替えて、本当の光の天使、お前達に神の道を教えている、稲荷大明神のもとに帰りなさい。お前が帰るなら、私が送って行ってやろう。お前は、本当は、平和な世界に帰りたいのだろう。怖くはないから、人間の身体から出なさい」

「お前は、気持が悪い奴だな、何で俺のことを知っているんだい。何でそんなに懐しいことをいうんだい。俺は、やさしい言葉なんかかけられたことがないんだ。俺は、やさしい言葉には一番弱いんだ……。怒ってくれよ……何で怒らないんだお前は、喧嘩もできないのか。怒れよ、この弱虫め……変な光を俺に当てるなよ……。また、寒くなってきやがった。その光は凪のようだ。光をやめてくれよ……」

「お前の怒る心がおさまれば、私の光は、お前の身体に合った光になるんだ。だから、怒る心をやめてごらん……」

「ああ、本当だ……。お前は、気持の悪い人間だなあ……。こんな奴には初めて会った。寒くするのも暖かくするのも自由だから、本当に地球上の太陽のようだ。不思議な人間もいるものだ。厭なところにきたものだ。仲間達が待っているから帰るよ……」

狐はそういいながら、怒りを静め、何だか気分が良いなあ、といった。そして、動物が良く日向で眠っているような格好をして、足で自分の耳をかく仕草をしている。本当に、気分が良いようだ。

しばらく、沈黙が続いた。私が、重ねて、

「早く、この婦人から出て稲荷大明神の門を叩き、立派な神の子として修行しなさい」

というと、狐はまた怒り出した。

「俺はな……今まで、〝お払い〟という奴を神主に何回もやられたが、あんな、俺達を箒ではき出すような真似はしないでくれよ。俺達は、箒ではかれるような魔除けは厭だよ。あれは、埃を散らすようなもので、また集まってくるぞ。蠅が一時食べ物にたかってくるだろう。あれは、追っぱらってもまたよってくる。そういうことも知らねえんだから厭になっちゃう。人間も馬鹿になったものだ」

いつの間にか、人間批判をしだしたものである。

いつまで問答をしていてもきりがない。

「さあ、お前は、稲荷大明神のところへ行きなさい。お前の名前は何ていうんだ。連れて行って上げるから」

と私がいうと、狐はようやくこういった。

「俺の名は、ポン吉というんだ。誰が案内してくれるんだ」

私の守護霊の一人に、七世紀、中国に生まれた不空三蔵と呼ばれていた僧侶がそばにきていたので、この狐を救って貰うことにした。すると、間もおかず、狐は、さあっと婦人の身体から抜け出して行ってしまった。

婦人は、しばらく心臓の動悸がはげしくなった。しばらく横になって休まなくては、家に帰ることもできない状態であった。

しかし、動物霊が去ったので、身体はずっと楽になったようだ。

やがて婦人は、頭も肩も押えられているような重みを感じなくなり、顔色も良くなり、喜んで帰って行ったものであった。

しかし、果たして、彼女が、この後、正しい心と行ないをして行けるだろうか。

私は心配であった。

たとえ、一匹の動物の憑依霊をとってやっても、家に帰ってから、怒りや焦り、そねみが生まれてくれれば、また彼らの仲間に憑依されてしまうため、私は私の著書を婦人に差し上げたものであった。

白狐の次は魔王――婦人に再び憑依霊

それから三カ月経った。

高田馬場で講演会を開いたときのことである。

私が聴衆を見回すと、真中の席に、先の婦人がきていた。私を見ると、いった。

「過日はありがとうございました。先生にお話を聞いてからは本当に清々しい毎日でした。けれども、また、五日くらい前から、何だか前と同じように、頭が重く、いらいらしてどうにもならないのですが、前の狐がもどってきたのでしょうか」

その質問に、会場はどっと笑いの渦となった。司会者がそれを制した。

「皆様、笑ってはいけません。あなた達は、未だ地獄界のきびしさを知らないのです。このなかにも、今の質問者と同じ悩みを持っている人々もいるのです。静かにして下さい」

私は、この婦人の苦しみの実体が一層解かるため、可哀そうでならない。

婦人はこのとき、子供と一緒に生活をしていて、その子供が風邪を引き、四十度近い熱を出して寝ており、自分もまた具合いが悪くなり、仕事もあるし、どうにもならない苦しみを心のなかに持っていたのであった。

そして、遂には、別れた夫のことを恨む心情になっていたのである。念が強いため、即座に、その心が地獄に通じてしまうのであった。

恨みと怒りの心が、過日は遠く離れて見ていた魔王達とその配下に通じてしまっていて、今度は魔王と新しい狐が、前の白狐の代わりについてきているのであった。

魔王は、前のポン吉という動物霊のボスのようだ。ポン吉は、すでに稲荷大明神の門に入り、きびしい修業をしているため、新しいボスが婦人の身体を支配している。

今度の狐は、ポン吉より小柄で、色は真白である。

彼らの習性では、力のある者が支配者になるが、その権限は絶対のようだ。そして今日は、魔王がそばに控えている。

魔王は、まるで大昔の未開国の酋長のようなスタイルだ。これらは、婦人の住んでいる家の周辺の地縛霊達で、昔からこのような動物を祭っている、祠（ほこら）があるようだ。

魔王は人間である。槍を持っている。

一座のなかでも、心の窓の開かれている人々は、このような情景をはっきりと見ている。婦人を中心にして、一座の人々は円陣の人垣を造り、丁度（ちょうど）魔王達を包囲しているような形になっている。

しかし、おそらく心の眼の開かれていない人々には解からないことであった。

私は、この婦人に、心を静めて感情を落ちつかせるよう話をしようとした。ところが、そのときすでに、新しいボスは婦人の肉体を支配してしまった。

私が、彼らに支配されないうちに話そうと思ったのは、地縛霊でも、動物や魔王が支配すると、相当に疲労するので、それをなるべく避けたいと思ったからである。

「お前は、ポン吉の弟分だな、なぜこの婦人に入ってしまったのだ。そこから出なさい。これ以上悪いことをしてはいけない」

三カ月くらいしか経っていないボスだが、ポン吉よりはおとなしいようだ、と私は思った。ボスは口を開いた。

「何をいっているんだい。俺は、親分だ。ふざけたことをいうんじゃないよ。俺様は、ポン吉より強いんだ。ポン吉は弱いから、どっかへ行ってしまったんだろう。もうずっと帰ってこないのは、負けたからだ。今日からは、俺が相手になってやるわ。どうだ驚いただろう」

盛んに毒づくが、やはり新米だ。ポン吉とは迫力が違う。

「お前も、ポン吉のように、平和な、食糧のある暖かい世界へ行かないか。いつまでも、この地上界をうろついて、稲荷大明神だなんていったところで、私達には見えてしまうんだから諦めて明るい世界へ行くんだな。私が頼んでやるよ。これ以上罪を造ってはいけないのだ。お前達も人間になりたいと思っていることも知っているのだ。お前達も神の子だ。どうする」

「本当に暖かくて、食糧のある明るい国なんてあるのかなあ……信じられないよ。今の世界には食べ物もないし、ここにいる多くの仲間も皆腹を減らしているんだ。本当に可哀そうだよ」

たとえ動物であっても、食物に足りることもできないあまりにも永い地獄の生活をしているというのは可哀想なことなのだ。

私は、皆、腹が減っているのだ、可哀想だ、という言葉に、慈愛の心のかけらを見た。彼の心のなかに、愛が芽生えてきたのである。

と、相手は、魔王に変わってしまった。

「お前は、パアピアス・マラー」

と私もまた、古代印度の人間に変わってしまった。勿論、言葉もである。

「ポコラ　テレ　コロ　セレ……インドア　テレ　ヤラ　セレ　ポコロ……ワシュ……シュバラ……リア　ウルヴラ　セニナ　リユワラセ　パアピアス・マラー……」

この魔王は、パアピアスという名前なのだ。

私が、そういい終わったとたん、魔王は、

「俺は魔王様だ。魔王、魔王だ。俺の子分に余計なことをいうんじゃないぜ。お前は、俺の法力に所詮かなわないんだ。俺達の邪魔をするな、魔王様は偉いんだ……ざまあ……」

と叫んだが、そのとき私の守護霊の力によって光に包まれたため、両手で顔を覆ってしまった。口も利けなくなってしまった。

私は強く、

「お前は法力があるといっているのだから、その力を出してみなさい。この婦人の身体を支配して騒いでいるだけではないか。お前が屈服するまで寒冷地獄にでも送ってやろうか、どうだ……」

と魔王にいった。魔王は、顔をふったまま身体が硬直してしまい、話もできないようだ。

周囲にいた人々が、

「あなたは、もう帰りなさい。あなたも神の子ではありませんか。天上界で暮らしたほうが良いではないですか。この方から離れなさい」

と声をかけると、魔王は居丈高になった。

「何をいっているんだ、俺は魔王だ。お前こそ口先ばかりでうまいことをいっているが、たるんでいるじゃないか」

そういって右手の指を、その一人の女性に向け、うしろに曲げて指すのであった。

魔王ともなると、悪霊といえども人の心の動きなど簡単に見抜いてしまう。そばにあったその女性のハンドバッグをとると、投げて暴れ出したものである。

私は、即座に魔王の自由を奪い、きびしい語調で説法した。すると魔王は、古代印度人が目上の者に対して挨拶する、畳の上に両手を伸ばして頭をすりつける姿になると、無抵抗になった。

抵抗しても無駄だと思ったのである。

私がなおも、正しい心の在り方について説法をしていると、魔王はやはりずるい、様子をうかがいながら右手で槍をとろうとした。

「魔王、お前は心が開いていないのだ。私の神理をお前の心で受けとめるのだ。これ以上地上界の人々を狂わしてはならない。お前の間違っている心を正しなさい」

私がそういい終わると、そばにいたボスに向かって手をふり上げ、

「この馬鹿野郎、お前が悪いんだ、こんなところに連れてきやがって……」

と毒づいた。それは憤懣やる方ない表情であった。横にあった槍も、私の光によって彼らの解からない場所に飛ばされてしまったのである。

この魔王も、結局、出るの出ないのと問答の末、婦人の身体から抜けて行った。

婦人は、意識が薄れて、うしろに引っくり返ってしまった。

そして、約一時間くらい休み、すっかり元気になって帰って行った。

その後、今まで住んでいたところを売って他に移り、親子で商売をやるようになり、繁盛しているという。


このように、人間というものは、肉体を持ってしまうと、あの世のことなど解からなくなってしまうものだ。

魔王などに支配されてしまったら、もう完全な気違いになるほかない。そして、気違いになる人々は、心が良くないからそうなるのである。

正しい心の在り方が解からないのである。

末法の世になるに従って、心を失い、ノイローゼが多くなってくるのも、このような現象による場合が多いといえよう。

質問者は、この現象がテープにとってあったため、のちにその実録を聞き、驚いていた。

医者達は従って、もっともっと心の世界を知って、自らを正すべきである。そのとき、医学はさらに進歩して、心を悟り、肉体の神秘を知った名医になることだろう。

私達グループのなかの人達には、医学の知識がないのだが、体内の内臓諸器管を、レントゲンよりくわしく見ることのできる人がいる。

そして、肉体的な欠陥を、はっきりと判別してしまうのである。

それも天然色で拡大、自由に見えるということで、医者を指定して悪いところをレントゲンにとり対照して見ても、一致するのである。

しかも、レントゲンでも見えないような場所も解かってしまうというのは、心の眼で見るからなのである。

医学者が心を悟って、仁の心を忘れずに毎日の生活をすれば、私達以上にその力を出すことであろう。

エリート意識を捨てて、哀れな病人を心から救ってやろうとする、慈悲の心、愛の心が特に必要ではないだろうか。

たとえば、アイ・バンクに預託してある眼球を使って下さいという提供者の愛と慈悲、患者も本当にありがとうございますという心、何とか治してやりたいという医者の愛情、こうしたものがあれば、互いに拒絶反応も起きないものである。

心臓移植も、心臓には意識があるということを知るべきであろう。

報恩と感謝の心は患者にも必要だし、提供者にも慈悲の心が必要だということだ。

医者は、名を売り物にすべきではなく、仁なり愛なりの心が必要であり、大切だということだ。

そのときには、拒否の態度は、起こらないだろうと、私の指導霊はいっている。

また人間の各諸器官は、皆それぞれに固有の意識を持っているということである。

慈悲と愛を失った医学は、やがて亡びるだろう。

肉体舟も、それぞれの意識を持っているということを知ったなら、執刀する外科医も、心からの調和が第一だといえよう。

酒の力を借りなければ執刀できないような医者はすでに失格者といえよう。自信過剰も困りものである。それは、私達のような技術屋が、土をいじったり金属を加工するようなわけにはいかないからである。

調和された正しい心が要求されるのは、この辺にあるといえよう。

宗教と科学は相反するか

この質問者は、ある大学で、宗教を専攻しているある大学院生である。

「宗教は、人間の精神を扱ったもので、自ずから科学とは異なってくるものではないだろうか。科学は、形づけられた物質の世界の探究であり、物理的な判断は、精神の世界とは何の関係もないと思うのです。科学的な判断の世界も、精神界からみれば、ほんの小さな研究だし、宗教と科学は、相反するものだと思いますが、その点について説明を願います」

この学生は、仏教哲学を研究している学生らしい。

だが、仏教哲学の用語のなかにも、かなり科学的分野に相応する言葉があり、その意味も説かれているのである。

この質問者は、そうした仏教の本質を知らないようだ。私はこのことを説明した。

「あなたは、仏教の言葉に、〃色心不二〃というのがあるが、その意味が解かりますか」

――色とは〝いろ〟であるが、色ごとのいろではなかろう。

それは、万物のことを指している。そしてその万物とは大自然のことではないだろうか。

また、肉体も〝色〟だろう。心は、こころのことではないか。

つまり、心と肉体は、二つではない。一体だと教えているはずだ。

自然科学のないところに仏教があるだろうか。心の教えも、あえて名づければ宗教ということだろう。

科学と宗教は、それゆえに色心不二ということではないだろうか。

仏教とは、単にお経を読誦したり、亡くなった人々を供養したり、偶像を拝んだり、曼陀羅を拝むことではないだろう。

この説明が、もし、違うとしたら、それは仏教ではないだろう。日本人の歴史の過程に造り出された、日本の仏教という誤った形であろう。

仏教とは、心の教えであり、生活の教えである。日々の心と行ないの在り方を説いたものなのである。

行といえば、すぐ肉体行を思い出すだろう。

しかし、仏教の創始者であるゴーダマ・プッタは、六年間の山中におけるきびしい肉体行によって悟ったのではない、ということを知るべきではないだろうか。

葬式仏教が正しいというなら、今から二千五百有余年前、ゴーダマ・プッタが、クシナガラの地でこの世を去るとき、アナンダの、

「仏陀が亡くなられたら、私達サロモンは、何を柱として生きて行ったら良いのでしょうか」

という問いに、

「私が四十五年間説いた、悟りの道は、お前達の心のなかに記憶されているはずだ。私が生まれたルビニも、悟りを聞いたウルヴェラの地も、ヴェルヴェナーの園も、グリドラクターの郊外の説法所も、このクシナガラの地も皆、お前達の思い出の場所になるだろう。その思い出のなかに、私は生きているのだ。今沈んでいる太陽も、明日になれば東から昇るのだ。そのように生命は永遠のものなのである」

と説きはしなかったであろう。

また、

「仏陀が亡くなられたあとのご遺骸は、どのようにしたら良いでしょうか」

というアナンダの質問に、

「私の老体は、お前達サロモンにかかわりのないものだ。お前達は、諸々の衆生の心に、法の灯火を伝えれば良いのだ。ウパシカ、ウパサカが、私の遺骸は処理するだろう」

といいもしなかったはずである。

つまり釈迦は、はっきりと、死体は、ただの人生航路の乗り舟であり、朽ちてしまえば土になり、空中に還ってしまうものだ、と教えているのである。

肉体に、執着を持つべきではないだろう。

仏教は、学問仏教であっても観光仏教であってもいけないのではなかろうか。

仏像や曼陀羅に、僧侶自身が執着を持っているようでは、とうてい本当の仏教の心を悟ることはできないのである。

宗派の乱立、権力の醜い争いなど、仏弟子とは自称であって、心不在の邪宗といえよう。

ゴーダマ・プッタの時代におけるバラモン教やニガタナ・プラタのジャイナ教、アサンジャーの宗派、など当時も宗派の乱立があったが、現代の状況が良く似ている。

正しい宗教は、自らの心を八正道で照らし、正しい報恩と感謝の実践のなかに、心の悟りが開かれるものであって、その姿こそが本物の宗教といえよう。

仏教の本旨は、他力本願にあるのではなく、自力によって自らが完成されれば、他力の慈愛を得られるようになるのだ、と仏陀は教えているのではないだろうか。

旧来の陋習を破り、八正道の正法に帰依すべし、ということになるだろう。

勤行とは、つとめ行なうことだ。仏壇の前やお寺で、経を上げることが勤行ではない。

正道を勤め、行なえ、ということを知らなくてはならない。

あなた自身も、今、現代仏教に疑問を持っているのではないか？

自然科学も、心の在り方を教えている事実は、法華経の方便品を見ても解かるはずだ。

つまり、科学と宗教は、人生における、人間の在り方を教えているという事実は、誰も否定できないであろう。

欠点の修正方法について

他力信仰から脱皮して行くことは、非常にむずかしい。

苦楽の一切を善鐸すれば、救われるという教えだけに、人間は腑抜けになってしまうからだ。

他力で苦しみからも救われ、欲望を満たす目的も果たせるということになれば、世のなかは皆平和で、闘争も破壊もないだろう。

他力信仰では、人間は救われないのである。

神は、太陽の熱光のエネルギーを始めとして、万生万物を私達に与えているのだ。

この、自然の姿が、神の愛と慈悲の心の現われであろう。

人間は、これ以上何を望み、今以上の慈悲を、愛を求めるのだろうか。

苦しいときの神頼み、欲望を果たすための神頼みで、本当にその目的が果たされるものであろうか。

私達は、子供の頃、何ごとも親を頼りにし、自分の欲しいものをねだったものだ。だが、それにも限界はあったはずだ。

青年になり、働く能力があっても、親に甘えていれば何とかなると両親を頼り切っている、息子というものも考えてみることだ。

そういうのを、道楽息子という人もあろうし、怠け者の腑抜けというだろう。

こうした例も、両親に頼り切って生活しているということでは、他力ということだ。

人間は、自立心が大事だということだ。

一所懸命に働き、健康で平和な生活をしている子供達を見たら、両親は喜ぶだろう。喜ばせるということは、安心させるということにもなるし、親孝行といえるだろう。

両親の慈愛によって育てられて成長してきた子供達が、親に孝行をするということは、報恩の行為であり、人間の道であり、感謝の心を現わすのは、当然のことなのである。

その行為を忘れて腑抜けになってしまっては、人生において何の修行になるだろうか。

信仰も同じことだ。

自らの力で生き、曇りのない正しい心で生活をしていれば、自然に、神の光によって満たされ、幸福になれるのだし、それが私達人類の親神に対する報恩の行為ではないだろうか。

苦しみの原因は、人間自ら造り出しているのだ。

その苦しみの原因である心の曇りを払わないで、なぜ神の慈愛の光を受けられるだろうか。

私達は目覚めなくてはならない。

自らの欠点は、正しい中道の心の物差しを、自らの心のなかにしっかりと刻み込んだとき、はっきりと悟れるだろう。

丸い豊かな広い心に、歪みを造ったのも、狭い心を造ったのも、他の人ではない。自分自身であるということが解かったなら、欠点に対して、きびしく修正することが大事なのである。

極端な考えや行ないは、必ず苦しみを造り出すものだ。

人間が思うことも、行なうことも、同じ結果が現われてくるものであるから、しっかりと自分自身をみつめ、間違いを犯さないように努力すること、それがきびしい修行なのである。

そして、間違いを犯してしまったなら、なぜ犯したのかを良く反省してみることである。

その結果は、ほとんどが、自己保存、自我我欲に帰するものだ。

ある者達が極端な考えや行為に走っている、誤っていることを知っても、人前だと、正しい中道の判断をしても心のなかに秘めて自分の立場を守ろうとする。このような人々も自己保存だ。

最近では、一部の、極端な思想的な集団によって、大衆がリードされて闘争や破壊活動をしている。

このような場合でも、正しい中道の物差しで判断したなら、彼らの間違いを堂々と批判して、彼らの煽動に乗らないことだ。

極端な思想家達は、必ず同志間の相互信頼ができないものだ。

彼らは、表面だけは同志、と自称する。しかし実は、内なる敵によって自らを亡ぼしてしまうものである。

中道には、闘争も破壊もない。

だが、極端な思想家達は、感情的な心の歪みを造り、自我我欲に走る。調和など望めないものだ。

このような人々とは、感情をまじえないで正しく語ること、正しく聞く、正しく見ることがもっとも大切だといえよう。

感情が大きくふくらみ、歪みができれば、理性を失う。従って、正しい判断はもはや不可能である。

このような人々は、必ず相手を誹謗し、怒りを爆発させて、自ら心のなかに苦しみを造り出して行くということを知らなくてはならない。

彼らは、一時悪の華を咲かせても、自ら蒔いた種の不調和な実は刈りとらなくてはならない結果になるということだ。

心ある人々からの信頼を失って、やがて哀れな人間になってしまうだろう。

それゆえに、自らの欠点を素直に発見し、それを認め、誰はばかることなく、修正できる人々こそ真の勇者といえるだろう。

自らの欲望と、中道を外れた一切の執着を捨てようとする。毎日の生活で八正道を素直に実践し、こだわりから離れ、心は豊かで広く、神の子としての自覚に目覚めようとする。そうした人々こそ真の智者といえるであろう。

そうした人々は、自らにきびしく、他人に慈悲深く寛容な心の持主である。

私達もこのような人間になりたいものだ。否、ならなくてはならないのである。

万物の霊長として、この地上界にユートピアを築く大目的を果たすためには、この実行をしなくてはならないのである。

その第一歩には、自らの欠点と業の修正が大事だということだ。

また、病弱だからとか貧乏人だからとか、地位がない、肉体欠陥者だ、不義の生まれだ、人格が違うとかいったような理由が、心のなかに存在している人々は、心まで病弱で、貧しく、低級で、愛情欠陥者で、卑しく、大きなお荷物を背負っている哀れな人々である。

このような人々は、自ら敗北の人生を歩んでいる者達だ。

神は、すべてに平等な慈悲と愛の光明を万遍なく与えているのである。

たとえ、外見的な問題や人間が造り出した不平等な段階で試練に逢っても、心まで失ってはならないだろう。

人間は、自ら望み、自ら造り出したいろいろな不調和な現象の泥沼のなかから、自らはい上がるための努力と実践行動が伴ったとき、それはすでに、一切のとらわれから、悲しみや苦しみから解放されるときといえるのである。

欠点の修正は、自らの努力によって苦しみから解脱して行く過程であり、八正道の実践は、自らの心を悟りに導く最高の道である。

天国の道には、人それぞれの道があるであろう。

この地上界から直接八正道の近道を行く者と、地上界から行くことができないで、きびしい地獄界を経て遠回りをして行く者もあるであろう。

八正道は、人生航路における心の重い荷物を下ろし、安らぎを得て、光明の道を歩くようなものだ。そのときあなたは、人々からも愛の手を差し伸べられ、信頼されることであろう。

しかし、極端な心と行ないで生きる人々は、苦しみと悲しみの大きな荷物をかついで喘ぎ喘ぎ山道を登るようなものだ。いつ谷底に落ちるか判らないだろう。

誰からも協力を得られないで、裏切られ、自ら孤独な人生を送ることになるであろう。

権力の座に上ったときから、人々は、苦しみ始める。かつての業の、修行をしなければならないからである。

心ない人間とは、まことに哀れな者である。

この世を去るときには、自らの、嘘のつけない善なる神の心が、人生で犯した自らの罪をきびしく裁くのである。

信じる信じないにかかわらず、私達は、人生航路の終焉が一秒一秒近づいているということを、忘れてはならないだろう。

美しい花が人の眼を慰めるのも束の間、やがては散って行くのだ。

眼に映る一切の諸現象は、所詮、人間にとっては一場の夢である。

人生とは、無常なものである。

しかし、私達が、心に八正道の花を咲かせていれば、永遠に散ることのない、美しい平和な安らぎのある世界という実りが持続されて行くのである。

第七章　縁生の舟はゆく

死によって宇宙生命と同化するか

六十七歳になる老人の質問であった。

死後の人間の世界は、宇宙生命と同化するという。

それは、即身成仏の姿と、即心成仏の姿に分かれるが、たしかに身すなわち肉体舟は、大自然界の土や空気に同化してしまうだろう。

しかし、事実は、《この地球上に執着するわが肉体こそ絶対だ。死にたくない。思い残すことも多い》。こうした者達によって地獄界が展開されているのだ。

墓に使っている、石塔にも同じことがいえるであろう。

人間は、この地上界の習慣によって、墓こそ死後のわが住居と思い続けている人にとっては、その場所が地獄界で彼らの住処になってしまうものだ。

宇宙生命に同化する悟りには、ほど遠い者達である。

新しい光子体の肉体舟と、現世の原子肉体舟が分離して、使い物にならなくなった動

かない肉体を眺めて、

「今まで良く私とともに、現象界にあって活動をしてくれた。ありがとう」

と感謝できるような人々の肉体舟は、大宇宙体の一部に同化されるだろう。それは、船頭である魂が主人であるという、永遠に変わらない自分自身の死を悟っている者であるからだ。

そうした人達は、もはや、墓にも、いわんや石塔にも執着はなく、天上界が自らの帰り着く場所だと悟り、自らの善なる心の想念によって光明に満ちた天国を造り出しているからである。

しかし、同化しても、私達の個性は存在している。自らの心の王国の支配者は変わりないということだ。

この姿は、即心成仏といえるだろう。

丁度(ちょうど)、蒸発した水蒸気が熱の縁や圧力の縁によって、水という集団から個々の分子に離れても、また上空で冷却されて、熱粒子の収縮によって雨や雪に変わり、大地に降りるもの、大海に降りるものとあるが、そこで同化しても、水一滴一滴の分子の生命は失われることなく、他の水と集団調和されている、ということである。

このように同化されていても、熱粒子が膨張して水の分子が分離されれば、再び大空のなかに舞い上がり、永遠の輪廻をくり返して行くだろう。

その過程には、植物や動物の体内を通過するものから、大地のなかで生き続けるものまでその形態は多岐にわたるのである。

それでも、H_2Oという個性を失ってはならないのである。

私達も、肉体舟が即身成仏されて、大自然界、大宇宙体に同化されれば、当然私達の不変的な生命である魂、その中心の心も、宇宙生命に同化して即心成仏されるものだ。

転生輪廻の法則は、万生万物に適応される。時間の長短の区分はあっても、間違いなく私達もそれをくり返してきているのである。

私達は、一時たりとも、転生輪廻の軌道をとめることはできない。今という時間をとめられないようにだ。そして私達は、この転生輪廻の過程を通して、あらゆる体験を経て、より豊かな心を造り出して行くものなのである。

つまり、同化作用と、分離作用がくり返されているということだ。

すべてが、自ら造り出した〝縁〟によって、それはなされているのである。

しかし、たとえ天上界や地獄界に行っても、私達は、この地上界にいるときと同様に、ちゃんとした肉体（光子体）を持って生活をしているのである。

決して、魂がふわふわしているのではない。空中に浮いてうろうろしているのではないのである。

特に地獄界などには、文明の差があり、電灯はおろか、灯明もないじめじめとした世界の非文明の地で生活している者も多いのである。

末法の世に出た人々は、心を失ってしまうため、物質や権力などの欲望に支配されて、人生の価値を忘れがちになる。

心を失うということは、肉体的に現われてくる諸現象だけが絶対だと思い、肉体舟の船頭である自分、永久に変わることのない自分を忘れてしまうということである。

それはまた、現世だけが絶対と思い込んで、不調和な生活を送って生涯を送ってしまう人々なのである。

あの世などない、神も仏もあるものかと思って、今世だけの生活を、私利私欲のままに送ってしまう人のいかに多いことか。

不生、不滅、不増、不減、すなわち私達の魂は、生まれることも滅することも、増えることも減ることもない永遠の生命であり、生とか死とかは、肉体舟の乗り替えにすぎないということである。

心と行ないが、正しい生活をしていれば、光子体の神の光が、その心の調和度に比例するため、段階的生活環境が与えられるのだ。

幽界は、日本にも他の国々にも存在するが、住んでいる場所も、同様な環境が、その人々の想念によって造り出されている。

そこは、この地上界よりはるかに調和されている世界である。経済は、物々交換で、寺院も神社も教会も存在しているが、それは拝む対象とはなっていない。反省や娯楽の場所といったほうが良いだろう。

この世界においても、自我というものがあって、個性がはっきりとしている。

この現象界で、生活していたときとほとんど同じ仕事をしている場合が多いといえよう。

この世界にも、心の状態によって、段階が存在している。現象界においてなした想念と行為の集約された姿といえよう。

また、肉体的な先祖や肉親達と住んでいる場合も多い。しかし、心の調和度が進化するに従って、次の次元に進化して行くのが、私達の生命なのである。

幽界から霊界、霊界から神界と進化するに従って、霊域は精妙になり、光明に満たされて行く。神界では、人類は皆兄弟だということを悟る。魂の転生輪廻の事実を悟っている者が、そうした段階を通って住んでいる世界である。

その神界には、魂の兄弟達の存在があり、それぞれ自我心がなく、心と心の大調和がなされている。そして、それぞれの、専門的な分野で研究が続けられている。学者や博士の多い世界である。

地上界で、自らの目的に向かって一心に研究努力している人に、霊感を与えてくれる指導霊には、この人達が多い。

医学や、天文、物理、科学、哲学、文学など、一切のエキスパートが、百般の研究を続けている世界なのである。

智が優先している嫌いはあるだろうが、地球上とは比較にならないほど文明が進歩している。

この世界にも段階があって、上段階になると、動物達に、神の子としての道を教え導いている光の天使達がいる。

霊界から神界の裏側には、キンナラ・マゴラガ、インナパ（天狗界、仙人界）の世界があり、そこの彼らは、肉体行によって、法力だけを学んでいる。他人に対しては慈愛が少ない者達の世界である。ここの住人は、この地上界できびしい山中修行を行なった行者達が多く、相変わらずきびしい肉体行をやっており、苦しみからは解脱していない。

自我の強い者達が多いのである。

ヨギー・スートラや、日本の修験者達が多い。○○の命などと威張って、霊媒などに出てくる者のなかには、動物霊が多いが、そのほかはこの仙界や天狗界の者達といっても良いだろう。

増上慢な態度を、現象界の人々に示す場合が多い。

真理らしきことをいうが、果たして自分がそれを実践しているかどうかは疑わしい。

心眼の開かれている者から見れば、彼らの実体は解かってしまうということである。机を動かしたり、物を引きよせたりする場合において働く霊達のなかには、狐などを使ったりする場合もある。

また、魔王や他の悪霊なども、物理的な現象を見せることがあるけれども、その力を利用して、地上界の人々にもっともらしいことを強制したり、脅迫したりする。そして、神の名をかたり、罰が当たるといって、人々の心に枷をはめ、ほんろうしたりすることが多い。

いうことと行なうことに矛盾が多く、心眼の開いている人々にならら、彼らの姿を見ることができる。

彼らの霊域に包まれて、魔王に支配されたり動物霊に支配されている人々は、自分自身を失ってしまうものだ。ほとんどが、気違い同様になってしまうだろう。

このような地獄霊に支配されてしまうと、まず肉体的に不調和になって、身体中が重く、夜になると元気になり、昼間は腑脱けのようになってしまう。

それは、昼間は、人間が活動し、霊域の振動が乱れているため、彼らも近よりにくいということである。地獄霊達は、多くの人々が寝静まっているとき不調和な者達の肉体を支配することが多いのだ。

常に心がいらいらしている人が、憑依されると、ほとんど人格が変わってしまう。しかし、幽界、霊界、神界の住人達が肉体を支配しても、苦痛はない。それは、神の光だからであり、人間は神の子だからである。

神界の上段階から、上段階光の大指導霊（菩薩）がいる調和された世界があり、そこにいる者は、心を悟っている者達である。

ペテロ、アンデレ、パウロや、ミロク、マンチュリア、カッチャナーなどの諸菩薩のいるところだ。

心は慈悲と愛に満ち満ちて、地上界、天上界の衆生を救っている。

さらに、宇宙はわれなりと悟り、一切の執着から離れ、人類は皆兄弟だという境地に達している者達で、神と表裏一体の、上上段階光の大指導霊がいる。

イエス、モーゼ、ゴーダマ・プッタが、その代表的な大指導霊である。如来ともいっている。後光の量が、他の菩薩や天使達より大きい。

如来は、執着から離れているため、身に着けている物も質素で、すべてに悟っている。この現象界も、天上界・実在界も、その人々が神の命によって支配しているのである。

太陽系には、ほとんどアガシャー系グループの者達が多い。

他の天体との交渉も、このグループの者達のなかから選ばれた、光の天使が当たっている。

如来界には、宇宙全体の諸現象を即座に見ることのできる展望台があり、それはどんな小さな問題でも見落とすことがない精妙なものである。

そこの自然は美しく、生きている。光明の世界である。そして天上界には、この地上界に存在している一切の物が整備されており、将来、地上界で完成される物までがすでに用意されてあるのだ。

このように、天上界においても、個の生命としての存在は、厳然と存在しているのである。

人間は、死んでしばらくの間は、意識不明のような状態が続くが、やがて死を悟り、死後の世界に入って行くのだ。

悟っている者達は、一旦、天上界の収容所に入り、人生の反省期間を経てから、その人の心の調和度によって行くべき道が定まるのである。

仏陀は輪廻から解脱しているか

この質問者は、仏教を専門に学んで六十年にもなるベテランで、大学では、インド哲学を専攻したという。

「悟られた方は、輪廻から解脱している、と仏典には書かれているが、如来はもう生まれてこないのでしょうか」

という、端的だがむずかしい質問である。

勿論、私のような仏教の素人に、そんなことが解かるはずはない。

しかし、いえることは、この現象界の万物は、一切が輪廻を続けているということだ。

如来とて、例外ではあり得まい。

私達は、死ということで、肉体と別れてしまうため、肉体こそすべてだ、と思っている者達にとっては、それが永遠の別れと思えるのだろう。

たしかに、肉体は、焼いてしまうと三合の灰となり、ある物は、二酸化炭素（CO_2）や燐などに分解され、いつの日にか、大自然界に還元されてしまうものだ。

私達の眼にとまらない存在になってしまうため、無だの空だのと思うのである。

質量不変の法則からみれば、形は変わっても、空中にもどった物、地に変わった物を合計すれば、また同じ質量になるだろう。

しかし、私達は、形としてとらえられる肉体だけを基準にするから、肉体先祖こそ絶対のように思いがちである。が、肉体先祖は、肉体舟の提供者であるが、魂の提供者ではないということだ。

魂、その中心の心は、親と子であっても、別々ということに気がつかないだけである。不変なのは、私達の肉体舟の質量と同じように、魂もそうである、ということだ。

如来は、実在界、すなわち〝空〟の世界も、この現象界〝色〟の世界も、自在に行くことができる、生と死は、肉体舟の乗り換えだということをも勿論知っているのである。

私達が大阪に行こうとするとき、その住所から自動車に乗り、駅で電車に乗り換え、東京駅から新幹線に乗り、名古屋、京都、と通って大阪まで行き、また国電に乗って目的地に行くだろう。

ある者は、飛行機で行く者もあるだろう。

だが、乗っている〝私〟は、さまざまに乗り物を換えるが、本人は変わらないのである。

このように、如来は、あの世もこの世も自由に見てくることができるため、どこにいても同じ結果になるのであろう。生と死を超越しているため、すでに輪廻から解脱しているのだ。

不生、不滅の境地に達しているため、生老病死の苦しみから解脱しているのである。

しかし、大自然の法則通りに、たとえ如来であっても、実在界と現象界の輪廻はくり返されるのである。

如来にしても、この現象界に生まれてくれば、人生のあらゆる疑問にぶつかり、内在された偉大な智慧を発見して神理を悟って行く。従って輪廻の法も解かってしまうのである。

悟りへの境地に到着するということだ。

そして、如来は、この現象界で地上界の人々の失われた心をとりもどし、神理の種を蒔いて還るのである。

私達は、こうした次元を超えた世界の存在を知らなくてはならないだろう。

出流山における研修

私の著者『心の発見』（神理篇、科学篇）が一般の読者層の手にわたり読まれるに従って、あらゆる宗教家や心霊マニア達が、浅草の八起ビルの事務所を訪れてくるようになった――。

一九七一年八月、その私は、栃木県の出流山で研修会を開いた。

――インド時代の過去世――

――マハー・ナマー三万人の弟子とともに正法に帰依する――。

研修会の参加者は、全国から有志が約三百人、遠くは沖縄や北海道からも馳せ参じてくれた。

二泊三日の日程で、自らの心の曇りを払い、八正道を心の物差しとして、豊かな広い心を造るための目的である。

一日目は、誕生から十五歳までの間の心の雲りをとり除くことであった。

それには次のように自ら問いかけて、反省してゆく。

両親に対して親不孝をしなかったか。

片親で育てられての心の歪みは、何が原因であったか。

淋しさや悲しさの原因は、すべて自己保存で、そこに感謝の心があっただろうか。

生まれた環境を選んだのは、自分自身が、魂の修行所として望んで出てきたのである。

その点を、私達は忘れている。

兄弟、姉妹の関係も、実在界においてお互いの縁によって結ばれたのである。

兄弟喧嘩をしなかったか。憎しみや妬みやその他の諸問題で心の歪みを造らなかったろうか。

その原因は………。

幼な心のまま、自分の欲望を満たすため、両親を困らせたことはなかったか。友達の持っている物を欲しがらなかったか。両親や兄弟姉妹、友人に嘘をつかなかったか。

二号さんや三号さんの子供として生まれた人も、その場所で自分自身を修行しようとして生まれてきたのだ。不平不満や心の歪みは造るべきではない。

そんななかであっても、人生に疑問を持って、神の子としての自覚に芽生え、豊かな心を造ってこよう、人々を救ってこようと、望んで生まれてきたということを忘れてはならないだろう。

世間体を考えて、狭い心は造らなかったか。

両親に感謝の心を忘れてはいなかったか。

モーゼは奴隷の子であった。イエスも貧乏人の子供であった。しかし、自ら悟って多くの人々に慈愛の道を説いて救ったではないか。

下層階級に生まれたことを、卑下しなかったか。それは、人より良く見せようとする自己保存の心なのだ。

心まで貧しくなってはならないということを知るべきだ。

貧乏人であることや下層階級を理由に、人間としてなすべきことを忘れ、世間の人々のせいにして努力しない人々は、心から貧しい人々である。

神の子は、金や地位には関係がないのだ。たとえ家柄の良い家に生まれてきたとしても、人は生まれてきたときは裸であり、家柄を背負ってきたのではない。

底辺の家庭に生まれても、裸一貫に変わりはない。

家柄も、長い歴史の過程において、努力した者、権力のあった者、武力、腕力、経済力、社会人類に貢献したものなどによって、人間の知恵が造り出したものである。

しかし、死ぬときは、何も持ち還ることができないのである。

いかに心から社会人類のために尽くし、自らが正道に生きたかということが、その人間の価値を現わすのである。

お金や地位には、全く関係がないということだ。

そうしたものに惑わされているということは、心の貧しい欲望の深い者達なのだ。

人生の偉大なる目的を思い出さなくてはならないであろう。

こうして、心と行ないを反省し、間違ったことは素直に認め、心から神に詫び、二度と同じ過ちを犯さないときに、私達の心のなかの曇りはとり除かれ、あの太陽の光がすべてに平等に降りそそぐように、神の慈愛の光は、私達の心のなかに光となって満たされるのである。

そして、止観、すなわちとどまって、自分の心と行ないを反省してみること、それを野外と屋内で実習をしたのであった。

私は、地方からきた人々のなかで寝起きをし、心を修正するための方法を教えるのであった。

二日目は、十歳から二十歳までの反省である。

この年齢は、ようやく自我心が芽生え、自己保存、自我我欲が次第に強くなり、ひとりよがりの判断が多くなってくる頃である。

両親に対して、育ててくれた感謝の心があったろうか。

報恩の行為を惜しまなかったろうか。

恨む心がなかったろうか。軽蔑の心がなかったろうか。

嘘をついて、病気をして、不勉強で、心配をかけなかったか。

親の言葉や注意に、反撥をしなかっただろうか。なぜ反撥をしたのか。

両親の行為を無視したことがなかっただろうか。仕事の手伝いをしただろうか。

兄弟、姉妹で喧嘩はしなかっただろうか。

恨みや、そしりや、妬みや、そねみを持たなかったろうか。

兄弟、姉妹に迷惑をかけなかったろうか。その所有物を奪ったり、ごまかしたりしなかったか。

自分にしてくれた行為に、感謝の心を持ったろうか。

友人に対して、軽蔑したり、恨んだり、競争心を持ったり、そしったり、悪い行為に誘ったり、秘密や特技を盗んだことはなかったか。

友人に誘われて悪い行為をしなかったか。

偽りの恋をしなかったか。

真実の心で友人と接したか。自己保存のために利用しなかったか。

友人の物を借りて、心から感謝したろうか。

友人からいろいろなことを教わって感謝したろうか。

心と行ないの在り方を、常にどこにおいたろうか。社会人類の幸福のため、少しでも協力をしたであろうか。

乞食を見て軽蔑をしなかったろうか。職業の上下に軽蔑の心を持たなかったろうか。

友人の悪口や告げ口をしなかったろうか。

自己顕示欲が強くなかったろうか。

他人の心や身に、傷を負わせたことがなかったろうか。

増上慢な言動や行為をした人々に、無慈悲な行動をしなかったか。

異性に対して、本能や感情のままに走らなかったか。友人を不幸にさせたことはなかったろうか。

自分の感情で、友人に迷惑をかけなかっただろうか。世話になった人々に、感謝の心を持ったろうか。

常に不平不満の心を持たなかったか。

自分さえ良ければ良いと考えたことがなかったであろうか。

肉親や他人を恨んだことがなかったろうか。

人のために心から尽くしたことがあるだろうか。電車や自動車のなかで、席をゆずったことがあるだろうか。

道路や他の場所を、自ら汚したことがないか。

先生に対して感謝の心があっただろうか。一方的な批評をしなかったろうか。尊敬の心があったであろうか。

学校の備品や建物を故意に壊したり、汚損したことがないだろうか。

自分達の考えを勝手に押しつけなかったか。

先生に迷惑になるような心や行為はなかったろうか。先生に対して、その授業を怠るようなことをしなかったろうか。

勤め先について、不満を持たなかったか。感謝の心を持ったろうか。仕事を途中で放棄したことはなかったか。

特定の集団組織のなかで、思想的な闘争をしなかったか。

目上の人々を恨まなかったか。怒らなかったか。妬まなかったか。自分の学歴や地位の上にあぐらをかいたり、他人をそしったりしたことはなかったか。心の不満を物にぶつけたことはなかったろうか。

二十歳から三十歳、のむずかしい時期もいろいろと反省をする。このように、すぎ去った人生をふり返り、悪い欠点を修正して行くことによって、心の浄化ははかれるのである。

三十歳から四十歳の反省は、家庭問題、対外的なことと、その範囲は大変に広くなる。家庭にあっては、夫婦、子供、両親、兄弟などの問題が主体的に起こり、外においては、友人、上司、仕事の関係で、欲望も出、もっとも心の歪みを造り出しやすい年代である。商売上の問題としては、きびしい修行の場であるから、不調和な心と行ないが非常に多くなってくる。

目上の者に対してはへつらい、部下に対しては増上慢、見栄や外聞に心が奪われ、人生において要領良くなる時期である。

蔭では地位に対する欲望、友人との競争意識、他人をくさすなど、その想念の曇りは心を覆い、苦しみの種を蒔くときである。

妻に対しても、仕事にかこつけて嘘をつき、遊蕩にふけるのもこの時期である。

嘘は嘘を生み、精神的、肉体的に、いろいろな現象が出てくるときだ。

妻はまた夫に対する感謝の心を忘れ、不満の日々をすごす。

夫婦の縁は、すべて仕組まれた環境なのだ。縁あればこそ、広い世界で結びつきができたのである。夫婦の心からの調和は、家庭を明るくして神の慈愛に包まれ、子供達も素直に育って行くことによって計れる。

親と子の対話、そして、意志の疎通を欠かなかったか。母として、父としての態度や行動に疑問の点はなかったか。

近所、隣との交際で、悪口をいったり、そしり合ったりしなかったか。

人々のための、奉仕の実践を怠ることはなかったか。

心のなかに造り出される、こうした不調和な問題を反省して行くに従って、誰の前でも心を裸にできる人間になること、これが大切だといえよう。

そして、「一日一生」と観じ、いつでも無常の風を見、しかし何の思い残すことなく執着を断つ。そうすれば、光明に満たされ、天上界に還ることができるのだ。

つまり、そこへ還れることを心がける、そのことが大切なのだ。

ところが、様々な心の曇りは、私達の霊域をいつも崩してしまう。

反省以外に、この曇りをふるいのけることはできないのだ、ということを悟ることが必要なのである。

反省は、盲目の人生航路において、犯した罪を除去するため、神が私達に与えた慈愛を受けるチャンスであるからだ。

研修会は、このように、各自の心の歪みを修正して、より豊かな心を造り出すためのものであった。

大阪のZ会教団の人々――迷えるそのあとで

この研修会のとき、私の部屋では、大阪から参加しているN、Hの両人も、一所懸命に研修を受けていた。

彼らは、『心の発見』（神理篇、科学篇）を読んで、霊的現象が真実のものであるか、真実正しいものであるならば、自分達がこの研修に参加している目的も解かってしまうであろう、と考えていた。

つまり彼らは、所属している教団のため、その指導者の意向を受けて、〝真の導師〟を探し求めていたのである。それだけに、彼らの研修に対する態度は、真剣そのものであった。

同室での生活は、十五人一緒であったが、両人の守護霊は、その彼らの心のなかを全部私に報告ずみであった。

しかもNの過去世は、ウルヴェラの山の一つへだてたガヤ・ダナで、今から二千五百数十年前、ゴーダマ・プッタに帰依したカシャパー三兄弟の弟子千数百人のうちの一人であった。

拝火教から帰依してきたサマナー（修行者）である。

もう一人のHは、古代エジプト時代、ファラオのもとで神官をしていたウラワンと呼ばれていた者が守護霊で、Hのきた目的について話したのであった。

彼らは、テープレコーダーに研修の一切を録音していたが、本人達は、その探りを目立たないよう秘密にしていたため、私のほうから守護霊のことを伝えるわけにはいかなかった。

研修最後の日のできごとである。Nはこういった。

「わてらにも守護霊や指導霊がおるんですかいな。ほんまに解かるようになるには、どないな修行をすれば良いのやろか」

待ちに待っていた質問が、雑談の間に、その部屋でいい出されたのであった。

私はすでに、一年も前に、八起ビルの講演会で、

「近い将来に、大阪の某教団が、私達のグループに参加するであろう」

という予言を、指導霊の指示によって語ったことがあったため、ようやく様子を見にきたかと思い、この両人の顔をみつめたのである。そして、その質問に答えた。

「人間は、神の子である。生まれてきたときは、誰も丸い豊かな広い心であったが、生まれると同時に、私達の意識の百%は潜在して、生まれる前の記憶は隠されてしまうのだ。生まれた環境、習慣、教育、思想などによって、徐々に潜在されている意識が表面に

出てくるが、自我我欲、自己保存の煩悩によって、出てきた十%の表面意識も不調和な想念によって曇らせ、守護霊や指導霊達との心の対話がむずかしくなってしまうのである。

見ることも聞くことも、話すこともできないため、人間は欲望のとりこになってしまうということなのである。

八正道という、心の物差しで、思うこと行なうことを正して、片よりのない生活をしていれば、人間の心の曇りは晴れ、神の光によって満たされ、守護霊や指導霊の協力が得られるのである。

修行は、毎日の生活のなかにあるので、神仏を祭って祈ることはないということだ。自らにきびしく、欠点を修正し、その結果心に執着がなくなれば、心は浄化されて、その生活努力に比例した力を与えられるのである。

今日の研修会で反省したように、今後は苦しみの原因を造らないようにすることが大事だといえよう。

あなた達も、八正道の実践を心に秘めて毎日の生活をしたら良いのだ」

するとニ人は、声をそろえて、

「ほんまですかいなあ！」

と互いの顔を見合わすのであった。Nは、

「わての守護霊はんは、今いるですやろか。どんな名前ですやろか」

といった。

「あなたの守護霊も、Hの守護霊も、すでに私と話し合っているから、皆知っています。希望なら話をして上げましょうか」

Hは、Nの顔をちらっと見た。そして、もうばれているのかいなあ、と心のなかで思っている。しかし二人ともまだ知らぬ顔の半兵衛を決め込み、研修にきた目的を語ろうとはしないのであった。

二人は、視線を畳に向けたまま、頷きながら黙っている。Nははにかみながら、

「先生、どうでっしゃろ、わしの守護霊を教えてくれまへんやろか」

といった。

「あなたの守護霊は、あなたの属する教団の責任者の命を受けて、二人できたといって

います。私達が本物か偽物か確かめて、本物であるならば、あなた方の教団のために、その指導方法を利用して、信者を幸福にしようと思っているはずだ。あなた達も、正しく学んで、研修の結果を伝えたが良いだろう」

私はそういった。すると、Nは、目的をいい当てられて、苦笑しながらHの顔をみつめた。

しばらくして、

「どうですやろ、このことを録音とっても良いですやろか」

とNがいった。私は、どうぞ、といった。

「結構です。あなたの会長の今考えていることを、私がいいますから、正しく伝えたら良いだろう」

「ほんまですかいなあ……」

NとHは、テープレコーダーの準備をして、

「どうぞ頼んますわ」

と非常に嬉しそうにいった。それは、何か責任が果たせる、そんな喜び方であった。

私は、早速語り出した。

「あなたの教団の会長は、法華経を以って、先祖供養で信者を導いているが、壁にぶつかっている。現代仏教に対する大きな疑問を持っているのだ。霊的能力もないし、いかに信者の幸福を導くかについて、自信がないといっている。あなた達も同じことがいえるだろう。本当の仏教など、全く解かってはいないし、知で知り、心がない。人間は、心を失ったときに混乱が起こり、人生航路のきびしい試練を体験するのだ。心を忘れた仏教は、すでに神理ではなく、それは形式的な他力本願である。そのため、何とか本物にめぐり会いたいと思っているのだ」

そのとき、すでに会長は、『心の発見』（神理篇、科学篇）を読んでいた。

二人は、このテープを持って、帰阪した。そして、研修会におけるできごとを、逐一会長という人に報告したのであった。

会長はテープを聞き、その心のなかで、（ほんまにこの通りや。私の心のなかを全部いっておるでえ。不思議なもんや。私達もこの方にお会いして、考えなおさなあかん…）と思い、信者に語った。

私は、東京にいて、大阪のZ会教団の裏話が全部解かってしまうのであった。

必ず、私を訪ねてくるだろう、そう私は思った。

私の守護霊は、大分自信のある言葉で、この事実を私に説明するのであった。

九月に入ったある日のことである。Z会教団の会長、それにNとHの三人は、八起ビルに私を訪ねてきた。

前会長はすでに死亡し、教団は二代目に受け継がれていて、迷えるあとの訪問というわけだったが、その前進への足固めはすでにできていたのであった。

しかし、前進するためには今のままではいけない。間違いを犯してはならないという会長の心は、本当の菩薩心の塊りであり、慈悲深さがその迷いのもととなっていたのであった。――先代会長が女性の肉体を支配していたこと、この世を去るときの様子、教団を指導していた頃のことなど、一部の幹部以外には、解からないことを、大阪弁で、生前の前会長の言葉で私は語った――。

三人は、この現象を、ただあっけにとられてみつめた。彼らは、霊的現象を、今、その眼で、心で、はっきりと体験し確認したのである。

会長一行は、高田馬場にある観音寺で一日の旅の身体を休め、また、私の説く正法を夜半まで聞いた。そして翌日の昼、遂にこの正法に帰依する決意を固めて、再び三度私の事務所を訪ねてきたのであった。

N会長はいった。

「先生、私を、弟子の一人に加えてくれまへんやろか。お願いしますわ。Z会教団の幹部会を、早速に開いて全員の賛同を得ますよってに、よろしく頼みますわ」

これは、重大な声明であった。

私には、すでに予言されていたことだったから、遂にくるものがきたな、と思いながら、こう答えた。

「教団の名前にこだわることはないから、正法を、あなたの教団の柱として、迷える信者を救ってやって下さい。私はどんな協力も借しみません。希望があれば、あなたの教団で、講演もいたしましょう。現象も出しましょう。質問も受けましょう。時間があれば、大阪へ行きますよ。要は、信者の心を救うことが大切なんですから」

正法帰依の話は、そんなことで、とんとん拍子に決まってしまったのであった。

Z会教団のなかで――現象の実験

その年の十月三日、私は、大阪のZ会におもむき、講演会を持った。〝物質と生命〟と題して、約二時間話をした。

そのあとで、会員の一人が、ノイローゼで苦しんでいるが、皆様の前で実演をして欲しい、といってきた。その願いを入れて、霊的現象の実験にとりかかった。

三十代の青年が、私の前に坐る。

私が見ると、この青年は、完全に地獄霊に支配されている。白髪の老婆が、この青年に憑依しているのであった。

青年は、無言のまま合掌をしている。

「あなたは、この男性に憑依して狂わせているが、とんでもないことだ。あなたは、井戸に入って自殺しているが、なぜ自分の生命を断ったのか。理由があるならば、答えなさい」

私は、憑依霊にそういった。そしてすぐ、青年の肉体を支配してしまった。

憑依霊は悲鳴を上げていった。

「わては、寒いところで苦しんでいる。助けてくんなはれ。眼も見えんし、苦しいのや。しかしなあ……わては人間を恨んでいるんやで……あの家を呪っているんや……この男もなあ、同じ目に合わせてやるんや」

慈悲も愛もない言葉である。私は、続けた。

「あなたは、なぜ冷寒地獄にいるか解かりますか。あなたは、人を恨み、世を恨み、自分自身も恨んで井戸に入って自殺をしたが、生前あなたは、人に慈悲や愛を求めはしたが、他人にそれを与えたことがありますか。感謝の念など全くなかったではないか」

「何をいってまんね。わては盲目だす。盲目……に何ができまっか。盲目のために、生きる望みがなかったんだす……。悪いことなど何もしたことはあらへん。なのに、なぜ地獄におらなあかんのや。苦しまなならんのや。神も仏もあらへんがな……」

自分の悪いことは棚に上げて、一切盲目という肉体舟の欠陥のせいにしている。そのため心まで暗くしてしまっている哀れな地獄霊である。地獄霊はさらにいう。

「おまはん、わてが悪いのだというたが、どこが悪いんだす。神があり仏があるなら、この目治してくれたらいいやろ。目が治ればこの男から離れてやるで。どうなんや、治すか、治さんか……」

頼んでいるのか、ののしっているのか解からない。自分のことしか考えないのが地獄霊の哀れな姿なのである。

「よし、あなたの眼が見えるようになったら、神仏を信じ、自分の間違いを反省して、今この男性から離れ、井戸と家族への執着を捨てて、暖かい世界に帰るか」

私は、この哀れな地獄霊をも救ってやろうとして、そういった。そして、

「では、あなたのいう通りにしてやろう。大宇宙、大神霊仏よ、この哀れな霊に光をお与え下さい」

と、心から念じ、神の光を、私の掌を通して入れると、同時に、

「ああ……見えた……見えた……光がある……わあ……見えた……」

と、憑依霊は叫び声を上げた。永い間、心にも肉体にも光を失っていた老婆が、死後も冷たい暗い世界で苦しみ続けていた人が、今ようやく光を得たのである。

しかし、光が見えるようになればなったで感謝の心を忘れてしまう。これが、地獄に堕ちている人々の常だ。

この老婆も、のどもとすぎて熱さを忘れて、

「わてが眼の見えないときに馬鹿にしおった奴らに、復讐せにゃならん。わては、眼が見えるようになったんや。わてを阿呆にしくさったもんはここへきなはれ。ほんま、憎んでも憎み足りん……お前達も同じや、この阿呆め……」

遂に、私にも毒づき始めた。そのとき、青年の形相は地獄霊の老婆に似てきた。恨み、妬みの想念は、本当に現象化するのだ。この青年も、そうした心があるために、地獄霊に支配されているのである。

心のダイヤルが、その人の心の状態に応じた世界の霊にコンタクトされる、ということだ。類は友を呼ぶ法則は、私達の心の世界にもはっきりと現われてくるものだ、といえよう。

科学を超越したところに宗教が存在するのではなく、宗教と科学も不二一体なのだ。

老婆の地獄霊は、ますます威張り出して、いいたい放題のことをいう。

このままでは、青年のためにも、憑依霊の老婆のためにも良くないことである。

「老婆よ、あなたは、神仏の慈愛によって、光が見えるようになったのだ。お前には、感謝の心はないのか」

「何いうてんのや。治ってしまえばこっちゃのもんや。おまはんに何のかかわりがあるやろか。余分なことはいわんほうが、身のためだっせ」

自己保存、自我我欲の、ひとりよがりの考え方の典型である。地獄霊とはそうしたものであり、その世界には愛も慈悲もないからである。

このような心ない者に対しては、ときにはきびしさを与えることも愛だといえよう。

私はそこで、

「老婆よ、お前のような心ない者は、もとのように盲目になったほうが良かろう。きびしい冷寒地獄で、もう一度、自らを反省する機会を与えよう。神よ、この哀れなる老婆から、もう一度光をとり給え」

といった。瞬時に、老婆はもとの盲目になってしまった。

「お……お……寒い……お……お……寒い……お……」

あれだけ大口を叩いていた老婆が、口を開いたまま、また盲目となり、闇の世界にもどってしまったのである。

「タ……ス……ケ……テ……」

というのが精一杯であった。私はいった。

「老婆、お前は、今のような暗黒の世界で暮らしたいのであろう。それとも、心を入れ換えて、今までの間違いを正すか……どうする」

青年の姿を借りた老婆の憑依霊は、遂に合掌し、首を縦にふりながら、命乞いでもするかのように、畳の上に額をすりつけて、哀願するのであった。

今度は、心から謝罪しているようだ。

私は、再び、守護霊を通して、神に祈った。

「神よ、この哀れな老婆の罪をお許し下さい。心に安らぎをお与え下さい……」

ようやく、老婆も、神の子としての本性に目覚めたようである。涙を流して神を祈った。

「神様、仏様、わてが悪かった……お許し下され、……醜いわての心を、わてのド根性でなおしてみせます……ほんま、許しておくんなはれ……」

自らの誤りを修正しようとし始めている。

一座の人も、感にたえたように、その変化をみつめていた。

たとえ、地獄霊であっても、神の子なのである。ただ、正しい、生活の基礎が解からないために、彼らの心自身が、不調和な霊域を造り出しているのである。

だから、自らの心が眼覚めれば、悟ることは、人間よりも早いのである。それは、意識が、九十%も表面に出ているからである。

何の疑問も持てない現象が、自分に現われてしまうのである。

憑依霊は、心から反省するのであった。

「まことにすまんかったなあ……わては、今まで間違ってたんや……許しておくんなはれ……この男から離れるわ……おまはん、勘忍だっせ……許しておくんなはれや……」

憑依霊は、私にも青年にも心から詫び、遂に天上界に帰って行った――。

青年は、眼を開いた。そして、

「ああ、何や、気分が良うなったわ。身体の痛いところもなくなってしまったですわ。ほんまに、ありがとうございました。永い間の苦しみから脱け出せましたわ……」

と心から礼を述べた。

青年は、すっかり元気になったのである。

続いて、転生輪廻の現象を、私達のなかのNの指導霊フリティーによって、その過去世をひもといて見せ（**資料・転生輪廻の実証**参照）、一座の教団の人々に、生命の永遠であることを説明して見せたのであった。

転生輪廻の潜在意識をひもとき、過去世のそのときどきの、国々の、当時の言葉で実証し、いかに人生の修行が大切であるか、心という不変的な生命はいかに在るべきかを説き、人間は豊かな丸い心で生活をしなくてはならないかを、証明したのであった。

そのことは、強烈に、私達の心をとらえ、また教団の人々の心をもとらえたのであった。

（新約聖書・使徒行伝第二章、仏典スタニパター、華厳経十地品参照）

注

『心の発見』（神理篇）の中に阿難の生命は現在の中国（中華人民共和国）に出生しているとあるが、実は日本の中国地方の誤りにつき訂正します。中国では阿難の弟子が出生しているわけです。

資料　転生輪廻の実証

Ｎ・Ｔ子さんの転生輪廻(1)　四五―一二　八起にて

リパ　リッシオラ　セヌア　タルアダ　クロアヤッセモラナシー　フォアラーソーフリティー。

ラッセ　ダラヌー　トゥアテティ　アラセグレア　パワー　セヌトゥアラー　セドゥートゥアティー　レグリアラオトゥー。ナウ　リバリッセオ　トゥレバシー　ウァラ　フワラーラバセヌ　トゥアラー　ゼドゥラーティー。ラウ　リブリヤセヌ　タウティーアラスクォルボー　フェイセイ　デルイーティー。ラウ　リボーティアラーオス　クォラバー　セトゥラウ　イスラエル　ウアリ　グナォウトゥ　アリー　パッソー。ダートゥリ　ポッセレ　エトゥラル　オッスルトゥルヤ　エテレヤセイ　トゥーラウトゥ　アウセイ　クライストゥ　ウアトゥー。ナーリ　グーハッビッセー　Ｎ・Ｔ　オーティレ

パッソー　ウラバソビア　ウアタール　プラヤッソーフォアー。

私はN・T子の指導霊フリティーでございます。

私はかつて二千年ほど前、エジプトにおいて肉体を持った、男性でございます。

私は実在界より正法を証明する使命を戴いて、この女性の意識と調和をはかり、いろいろと指導しております。

ラトゥ　ラッセバリニッシュ　ファラー　スクォラバリアラー　ウォーティア　スクォラ　ナッセテトゥラリー　ウォーロースクォオ　アールバー　ティニッシュファアー。
ナウ　リバリシー　アラウーティ　エルクラヤルワー　トゥラセヌーパワー　レッセドゥラウトゥー。

私はその当時、大衆から税金を取り立てて生活をしておりました。ある時、商用の途中でイエス様より、いろいろなお話をお聞きし、自分の間違いを知って郷里に帰り、自分の生活を改め、後にイエス様が実在界にお帰りになりましてからは、ペテロ様の補佐役としてキリスト教の伝道をし、所々方々を歩きました。

ラ　パリッシェー　トゥラウ　ワッセイ　ウアープラヤッソー　ドゥーオートゥテイ　パラサウ　プライス　トゥウワイリヤ　セドゥラー。リッセブルナー　トゥーワラ　パウーウテイクラ　ヤッセネパール　ウスパウー　ウディアラー　エトラセル　ウードゥファー。

イエス様のお教えは、人類愛・博愛です。このようなお教えは大変に、当時の人々にとっては聞き慣れないことでございました。

ターリバリ　オストゥー　ドゥアテイア　アウルストゥル　バーニッシュ　ファラー　セバーテイニ　スルードゥアテイア　ワールクラウォー。ナウテイー　アッセブテイー　オッラッサダルクラヤーソー　フォアラーナートゥワリ　パッソーフー。リドゥラー　トゥー。

その頃、アラビア人、エジプト人、パリサイ人、ガリラヤ人など、皆それぞれの人種が、いろいろと人種的な偏見のもとに、自分達の部族が最高であるというような対立のはげしい時代でございまして、戦争で勝った国は、相手の人種をすべて奴隷として扱い、それはそれはむごたらしいものでございました。イエス様はその頃、実在界より使命を持ってこの人種差別をなくすよう、博愛・隣人愛を説かれたのでございます。

リ　トゥリッセレ　ウォダティア　ウォスクォロ　バニッシュフォアラー　セドゥラー。リオークラヤウドゥアー　ティニッシュフォアラー　スパウティー　エイセイドゥアラー　スクォー。ナウー。

私のことはこのくらいにいたしまして、この女性の過去世の意識と交代いたしましょう。

デッセン　クラントゥ　アーリ　バンクンテ　エレ　エスッセンテル　オラティ　オラ　カンサーティー　ウォアティー。ナッセントゥー　ワリクー　アルクラソントゥクワー。アートゥ　ティエレクォワ　ティンク　アトラソントゥ　クラ　アリエッセンテー。リエント　アル　クラウドゥ　ティー　エス　クラ　アリ　クラントゥーラー。

リ　ウォアス　コントフォロー　ティエ　クラヤッソントゥ　アートゥー。リー　アルクラソー。センツエーラ　アル　カントゥーラー。アーテ　エセントゥ　アリ　クラントゥルフォアー。カーテー　エセティラファサー　オーティーアス　アナスカーラータントゥウオーター。ワーラントゥー　アーリアン　ティ　エッセル　ワートゥクォラス　カンターレイ　ラーテ　エセトゥラ　アント　アル　クラヤッソー　フランティコラ　パラサントゥアティー。ネッセー　エトゥラスコラ　アントゥーラー。リー　エプラヤッソー　フォー　アティカラパッソー　オーティー。テッ　エルプラヤッセ　エトラーリク　アール　クラードゥ　ナスカートゥ　アティー。センツェーラアル　カントゥーラ。

私はセンツェーラ・アル・カントーラでございます。

ティ　エッセカ　ヤッソコラ　ウテ　エセカンパルクア　ティンティウラー。ワティクラスクォラ　アンター　アセンパラティー　ウラカヤス　ティムウーター。ニク　アル　クラッソー。

私はあまり皆様の前でお話はしたことがございませんので、日本語でお話しすることはちょっと大変でございます。

エッセクォラ　ユーカタラパッソ　クォーテ　ニクラット　アーティコラ　ヤッソナタル　エテレパッソー。テイクラットゥ　アティンティウティー。

ティ　エッセコラ　ヤッソナティー　エトゥクラ　パーリー　ウータントゥクラ　カンターレイ。アー　ティウルクラシャス　ウティクントゥ　パラスタ。

その頃の文明は、古代エジプト文明の影響を受けておりました。紀元前四千年の頃だと思います。

その後私は転生輪廻して、インドにおいて男性として肉体を持ち、名前をワーリア・スタディーと申しました。

ガデバリ　グダバスゴダ　バラセデレ　エドアガヤラバサ。ニガラヤ　セデレ　ヤラガド　バディア。ガヤダナ　ガスバラダソ。ニグラバ　シガラヤ　セデレ　グタレ　バ

デガヤラ　グディ　アディ　グリ　ブリガラシガラ　ホディバシャガラ　グディアディ
バシュディ　アディグラ。ディガ　ディガリ　シュワディ　ガラバセ　ダグガリ　ガヤ
シアダガディ　グルガヤラ　ナーグラク　ガヤダーナー　テグレ　バラカス　サバラ
ウデアレ　マスー。イグラヤ　スグダラ　バサラー。イガラバ　シガヤ　スガラボー
アーリ　グラヤスルダ　アティグダバラクダスブラヤー。ニガヤ　スゴラ　ガーディ。
イガラバハー。

私はワーリア・スタディーでございます。かつてインドにおいて肉体行をいたしました。さらにまたその後、転生輪廻して女性として肉体を持ちました。名前をセテリアと申します。

ニクァエ　オナマラー　ティニシュラ　ウティア　ラウセー　クアラ　ナートゥア
ティーニッシュ　アリオッソール　トゥアティアウ　セテリア。
ナウ　リアル　セマリノー　アタースティ　エーセレオラ　フリティー。ナウ　リアオ
ス　マームアティア　オティーセーリ　オーラル　トゥーナウ　ターリア　フアラウ

ティーニッシュ　ファラー　セモア。ニオラオ　ティアオ　ダマスクォー　ティーニッシュ　リアオティーワー　セイトゥー　シリアオトゥー。ナウ　リアオー　ティニッシュ　ラウティアオ　セイトゥーラウ　ティニッセイラートゥー　アートゥアー。

私は砂漠のオアシスで生まれました。そして私の家は隊商達が立ち寄ったり荷物の補給をしたり、交換をしたり、大変に人の出入りのはげしい所でございまして私は幸せな環境で育ったのでございますが、ただその当時、女性は男性の所有物でしかございませんでした。そうした環境の所にペテロ様がフリティー様やオタオといっしょに、キリスト教の伝道の為にお立ち寄りになり、私はその中の一人オタオと結婚いたしました。そして一夫一妻というすばらしい環境の中で、イエス様のお教えを伝道して歩きました。

その後また私は、転生輪廻して五世紀にチベットにおいて男性として肉体を持ち、名前をタタクリと申し、僧侶でございました。

ティー　チョーリョー　ファイセイ　シューフナウ　ティエントゥー　タタクリ。ニ

ッシェイ　シューラウフォー　サイティンニン　クォアウ　シーラウ　ティーハウー。シャウリューゥーティーマー　ナウ　サウシューリー　ファウティーウーティアウ　テンタイシャン　シューリンクアラー。シーシューラウサウティー　ファウティーニューフー　テンタイチギ。ナウショウリャウファウサウ　シューショーリュータウ　クワンナウシアー。シーシューラウ　サイシンシュークー　テンタイシャン、スーラウティーニャウルワントゥートゥ　ファイサウシュー。ナウリュー　アウテンシューフーファウ　サイシーシューリークー　アンヌンラウティン　サントゥークーフォー。

私はタタクリでございます。チベットのテーマという貧農の生まれで、口べらしの為にお寺に奉公に上がりました。私は始めは肉体行をいたしましたが、後に旅のお坊さんから中国は仏教が非常に盛んで、天台山という所には智顗様と申されるすばらしいお方がおられるという話を聞き、師を求めてはるばると中国へ参りました。そして法華経を学びました。天台智顗様は、汲めども尽きぬ智慧をお持ちになられ、あらゆる質問に対しても、明確にお答えになりました。そして非常に解かりやすくお話しになられました。御自分の前にある茶わんを手に取られ、「この茶わんはお茶をついで飲むという目的と使命を持っているが、もしこの茶わんを手から離して落とした場合、これはこわれてしまう。もう茶わんとしての使命も目的も持っていない。ただの物である。そしてこの大地に還元され、また土となって、また茶わんとなって生まれることができる」このように大変にやさしくお話し下さいました。つまり物質と生命は一体であるという。そして物質つまりこの現象界、この世は物質の世界である。しかし、それに対して使命と目的を持っているその根本は、心である、色心不二である、このように私達は智顗様のもとで法華経を学んだのでございます。これは今も比叡山において、天台学式問答という一つの型式を持っております。これは特徴でございます。師と弟子が問答式に話し合うということでございます。「声聞（しょうもん）」、声を聞くと書きます。これは仏の、つまり、お釈迦様のお教えを聞くという意味でございます。私がその当時唱えた経文の一部でございます。

ティーチェリー　カーリャサーラー　クァーナーテーセイレイ　リューガンリャーサー　シューホーリョー　ジョージージー　サーリャーガーサーリャーガー。ジョーリ

ャーシーガー　ヤーラーシーガーサナーランジョーゴー　ジョージ　ジューリンガンヤー　サンレンガンジョー　ホーリューガン　サンレージュージューガーショー　ホーレーゲー。ソーリャリョーガーシージージンガン　リャーナーサンナーゴーリョーホーリョージョージージー　シーガンサーリェンガーリョーホー　リャンガーリャンジングァンリャー　ソードゥーリョージュージュージュージーン。

その後また私は転生輪廻して八世紀に中国において男性として肉体を持ち、名前をトワンティン・フォワンティンと申しました。

サンシエンシエン　クンニン　タンニンサンリャン　クワンナウン　ワンリンクワン。サンセンリン　クワンシユンフンナン　テンリンウォンリン　クウォンシンアウー。サンクウァン。テンリンファン　シンセンニン　ウォーリンフォアン　ヤンフー。シエンシユー　ハウティンフー　サンリンクワンリー　サイシンシー。シヨーリョーフォー　サンシー　ハウテンクワンリンフー　セイシー。

私は、初めは儒学を学びました。しかしながら後には、無常を感じ出家してタタクリと同じように天台山において法華経を学びました。その時の経文でございます。

ホーリョーガーンジューソーゴーンージュー。セーガーンジューリューソーホー。ホーレーンゲーン　サーンガーンジュー。

このようにその時の経文は大変に、声を引きました為に、引声という言葉が伝わっております。これは声の波動に乗って、心の調和をはかった為でございます。「法蓮華（ほうれんげ）僧伽呪（さんがんじゅ）」とは、この溝のようなきたない人間界に生活していても、心を開けば溝泥の中からも美しい蓮華の花となって咲くことが出来るというような意味でございます。

ティンセンシュー　カンリューハウ　タイシンシュー。

行じる。朝早く起きて掃除すること、食事のしたくをすること、これらはすべて行ないなのでございます。

ティン　シャンリュン　ワンサンクワンシンクンアウティン　ライシェイシューリー

アウティンクワン。サントゥワン。

その後また私は転生輪廻して、十五世紀に現在の北ベトナム、トンキンで男性として肉体を持ち、名前をオンディンガンと申しました。

ニアリョーファイ　シェイリエン　カンノン　ワンシュンノン　ワンシュアノン　オサノーティン　オンラン　ファンニンオンランマン。ナーリン　ウオーリン　ファーリヤンガンワンシャガナワ　トゥワンニン　ウォンノン　ウォースン　ファーノーウァー。ナーリン　フォアー　ハラワーシンフォア　マサーノア　トウアランシンクナ　マティオアー。シャノアン　シンクアノ　アーサノマニオアラ　フォアニー。ナニオラン　シムラマウティ　オラサングハウ。ハイフォン　シェイリオワン　スンタイチュン　レイトゥンワー。ティンクワナー　ノモクワニヤー　アサノー。ニア　ワーシエンリ　ウォノウォー　シンリフォノア　アサノーワニティー　ウェンシンクアナワオー　セントゥアナーティー。

ナーニュアノ　アシュンクワナノア　マサノアニーノアー　シンクオアナオアニー

シンハーニーワーノーア　シンカノーリティ。ナーニオラン　センヌアリン　ニンウォンランクウォラン　シンクフォフランカンノア。

私の生まれた家は、お米の集荷所でございまして、小舟でクーリー達が上流の方から、はこんで来たお米を私の所でまとめ、さらに沖合いの舟に積み込んで東シナ海の方や、またアンナンの方へ運びだし、かなり裕福な家でございました。そして私は人生に対して感ずるところがあり、クーリーの群れに入り、後には東シナ海の方へ出て、貿易のような仕事をいたしました。

そしてその当時、中国では観音力という一つの信仰が大変にはやっておりました為に、私もその教えに帰依し、この教えを自分の郷里にもって帰り、人々に伝えたいと二十数年ぶりに郷里へ帰り、家の手伝いを一生懸命して、晩年には海のそばに如意輪観音堂を建立し、その観音力のお教えを説きました。

いわば素人でございましたが、私はクーリー達に希望を持たせたいという一念で、この教えを伝えたのでございます。その当時の経文でございます。

　ナシャーナーサゥーナークァーナーナンナンネン　シングゥアンニャーニャン　マーニンガンマーヤンナン　シンガンナンナンノンノセーネンネン　シンガンニョーノーガー　シャナーシャーナーノーノネンネン　センガンニョーニョーホーノーコーノーナイシーシーシンガンニョーニョーホノーリョーリョガー　シャニングンシンシンガンリョーノーサイシーシンガンヨンナンシャンナンナン。シャナーシャナーシャナーナンネンホーニョーガー　シンガンニャーサーニャサーガーニョーノ　ナンネンガーニャーナーナーセンネンネンリー　リンガンヨーナイリンガンナンナンサー　ナンナンナノコァーリンガンニョーニョーホーネレー　リャガーリャサンシンガンニョーローシャーナーシャーナーシャーナーネンネン　セーナイシーシンファンニョウガーニョーニョーサーナーナーコーノホーノーネー　センガンニョーニョーニョーニョーガーニョーオーノー　シンガンニョーニョーノーサーナンニ。シュウリャーリャガーシン　シンガンニョーマーネンガンナーサンナンノーナイネンネン　カンノーサンナンネンカンニンガンニョーホーノー　ショーリョーショーガンシンシンガンニョーホーネンネンセンナンナーン。ナーマーナーマーマーナーマーナーマーナーマーナーマーカンノンリキジョウゴウガンシャー。

私は夜になると、観音堂の回りに油をたいて、沖行く舟の航海の安全を祈願したものでございます。このように人間はこの世かぎりでなく、あらゆる国を転生輪廻して、永遠に続くのでございます。人間の不調和な原因は、この世だけであるという考えのもとに、あれも欲しいこれも欲しい、その欲しい心が満たされない為の、不調和だと思います。生命が、過去、現世、来世に亘って遠大なるものであると知った時、皆様方の心の悩みは多少なりとも解決されるのではないかとぞんじます。

リバリッシオ　タラニッス　コラマッフェラ　スドゥアティー　アッセルワー　スルスーフー　アーティニッシィー。ラドゥアティ　コラパラ　スタウドゥ　ウドゥス　トゥワリシィーアウトゥワティー。ワーヴォルストゥ　フーワーリコラ　パッセラディストラドゥ　アティア　アラ　ソワー　ウィリグリスト　ファラー。

ナドゥリー　エドリアー　セラファ　ラオース　クォルヴァースティー　ウェーラドゥ　アティーラッスル　フェアリア　ラースードゥーティー。タウー　タウスーフーリーセーエトラルス　クォラバシィティ　テラディッシェ　ラーウォスト　スクォラバセラセネセリウォスクォー。タウディエリ　エトラス　パラウティ　クラナス　サラテイリウォロソーフォアー。リグリッセ　トゥアティア　アッセドゥラティ　ニッシイエトラスクォルゾーフェイセー。

私はいつもこのように、この女性の声帯を使い、現象としてこのようにお話ししております。これは正法の証明の為でございます。

リヴォリッセ　ネタルウォス　クルバーセディ　レッセー　リスルリ　ヤラウトゥーディバリクォ　ラウソー。ナーリグリアセダ　リーウィリス　トゥーフォロネス　クラウトゥラーフィギリセ　ルースフォール　ドゥストゥ　ファーリア　ラッセデグァー。リオラッセ　ブティ　ニッ　シィーエト　ラスクォル　バーフェイセイ　ウァルオウトゥ　ルバースクォル　バーフィニッシュ　フワラー　リグリッセ　ボトゥディ　スタウーピエ　レース　パラドゥー　ラーニッシィー　スクォラス　コラバウース　トゥードゥーワッセレイ。ラドゥリー　バロウドゥ　ワッセレバッソー　ティーエルプ　ヨッ

ソラタルディー　アラセバ　ティーディーツ。ワルワッセル　ドゥーディー　ウアティコラヤッセマターニッシー　フォワロー　セボトゥイー。ラウディーワッセドラッソー。
私がこのようにお話しして皆様にお聞かせする目的は、あくまでも証明であり、かならず霊道を開いてこのように皆様が現象を起こすようになるという目的のためにお話をしているのではございません。

ラリバリスティウーデュイッセトラスクォロバスシェイー　ワーリアオースイクォナマナースルドゥエッセディトラウ。ディーエトラセパリワートゥラサートウーラシーウォー　ラティデエトラセバティーシーシュラースラバティーウェラウディーパオースクォルボフェイ。ラティディシオラスクォラバルディストゥルドゥアティラセドゥラオー。
これは現代の物質文明によって人々の心が自分本位となり、他人のことはどうでも良い、自分さえ良ければそれで良いという自己本位の考え方、このようなものがいかに空しいものであるかということを、皆様に知っていただきたいのでございます。人間の生命がこの世だけだと思っているところから多くの不調和なことが起きております。

皆様はこの現象を通して人間の生命は永遠不滅であり、心の浄化をはかる目的を持って、日々の生活の修行をされるよう私は希望致します。

ラディディポリエスタナトゥラスクォラバスシェイセレイワルオドゥストゥルドゥアティー。ラティディスルドゥアティロースクォラバセトゥアラーニーシィー。

皆様が心に悩みを持つのはつねに物質に対する不平不満が原因だと思います。そして物質に対しての執着心が不調和な現象となって、自らを苦しめているのでございます。

ラドゥアティコラバセテレスティロードゥアティーラーリグララートゥラセバリオー。ラドゥラーセボトニーシーオセロバオー。ラティティオウォティアスクルオーニーシーファラーバ　スソロソロドウティーデレカリアーセドラリーシュー。ワーセドラー。

今お話しているこの女性もかつては子供ができないということで大変に悩んでおりました。しかし霊道が開かれ転生輪廻をしているということを知ってからは、人生観がすっかり変わりその悩みから解放され、心にやすらぎをいだいて生活をしております。

ラドゥラッセムタリースーダースクォラバッセラシーオー。ウェテレパイオスクォロバリオークナッセラバリー。

現世においては子供は出来なくて悩みましたが過去においては子供を産み育て潜在意識の中には、はっきりと母性愛も持っているということを自覚したために、その悩みから解放されたのでございます。また自分が望めば来世において子供をさずかり、子供を通しての修行をすることもできます。

ラトゥラセムティーアオドゥクワーセヴォリヤーセヌティーディシーオラオートゥーアーキーファラオースクォロバースティー。ウェリアオトゥワースフィーリィーシィーウータウ　ウィボレパウリシーアラーオーウドゥファー。リアトゥアセトゥリシーアウトゥーラートゥルスリー。ウェアワリーウラウラノワティリーファッソーファリー。ラウディエスプロヴァスセドゥラニッシーアウルフォー。

どうか皆様もこの転生輪廻によって自分の人生観というものを変え、大宇宙のように広大な心で生活されるよう私は希望しております。

ワーセドリーウェスラファリーノーストロファリアスクォルバセラセドゥラーティー。ワーイエロートゥーリパーニッシューフォアラーセドゥラー。イードゥウートゥルタッセトゥラーティラー。ラッサトゥルニッシートゥファラーセブティーオアリークワラバシェティー。ラドゥリッシィボロティーウェスケーオーラウスー　ディブリラウトゥアセパルウェスセナトゥラウファー。

皆様も正法をよく自分に消化して、心の糧となさって下さい。私のお話は以上でございます。

N・Kさんの転生輪廻　四六―一一　八起にて

私は今から二千五百年前インドで生まれた女性で、名前をステシィーと申します。カピラ城でゴーダマ様のお母様が亡くなられた後にこられたお母様、マハー・パジャパティー様の身のまわりのお世話をしておりました。

ゴーダマ様はカピラ城の王子としてお育ちになりましたが、子供の頃から時々、外の生活に対して、生まれや職業によって生活が豊かであったり、貧乏な生活に耐えなければならないのはなぜか、同じ人間でありながら、上・下のへだたりがあるのはなぜか。このような謎にだれも答えてくれる者はありませんでした。最後にはご自分でこの疑問をときあかそうと考えられ、カピラ城からこっそりぬけ出してしまわれたのでございます。

ゴーダマ様がカピラ城をぬけ出されてから十数年後、お父様のスット・ダナー様はゴーダマ様のことを心にかけながら亡くなられました。おひとりになられたマハー・パジャパティー様は、ゴーダマ様が、子供の頃から質問された事を思い出し、この何一つ不自由のない城の生活を捨てたのは何であったろうかと、くり返し思いおこしては考えられ、とうとうゴーダマ様と同じような疑問を持たれました。城の中の生活は何の不足もない優雅な毎日でしたが、城から一歩出て外を眺めた時、そこには毎日をやっと送っている、貧しい人々がたくさんいました。このまずしい人々が一番良く働き、豊かな生活をしている人が、労働もあまりしていないのは、どうしてなのだろうか、ひとりの人間としてこれはほんとうの姿ではない。カピラ城の中にいてはやはりほんとうの答が得られない、私もゴーダマ様のように現在の身分を捨てて、残された人生を苦しむ人達と共に、ほんとうに人間らしい生活を送ってみたい、と決心されました。ゴーダマ様のもとへ行きたいといわれたマハー・パジャパティー様に、みんなで思いとどまるように申し上げましたが、

「心配しないで、私、ひとりで行きますから」

とにこやかにおっしゃいました。もうこれ以上お引き留め出来ない事を知り、みんなでお供をすることになりました。

当時、ゴーダマ様はマガダ国のビンビサラーにあるヴェルヴェナーの館におられました。カピラ城から約二百里程離れた所にありました。私もマハー・パジャパティ様のお側近く仕えた者の一人として、ゴーダマ様のもとへおつれする役目を持ってついて行く事になりました。その他荷物を持つ者、食糧をかつぐ者、食事の世話をする者といろいろな人達三百人が選ばれました。すべて女性ばかりでカピラ城で働いていた人、又、カピラ城にゆかりの人ばかりでした。

出発の日、カピラ城では別れを悲しんで泣き出す者もおりました。私達はこれから始まる旅の不安で見送って下さる人々が涙でかすんではっきり見ることが出来ませんでした。マハー・パジャパティー様おひとりは、はれやかに喜びあふれておいででした。山一つ越え、二つ越えしだいにカピラ城から遠ざかり、だんだん知らない土地を歩くようになると、不安は一層つのるばかりでした。山中にはハイエナや毒蛇、虎、山猫と人間に危害を加える動物がたくさんいましたし、人々の心は、戦争の多い世相を反映して猜疑心が強く、物盗りや、人殺しも平気でする人が多く、いつどこでどんな危険な目に会うかも知れませんし、そんな時はどうしたらよいかと、それればかり考え、恐ろしく、特に山道を歩く時はみんな口もきけない程の恐怖でした。一日中、山の中を歩き夜になってしまった時は、山の中で野宿もしました。猛獣から身を守るために、一晩中火を焚き、見張りをたてて身の安全をはかりました。しかし恐ろしさのあまりぐっすり寝る事も出来ず、ウトウトとまどろみ、小さな物音にも目が冴え、ただ朝が早く訪れてほしいとそればかり願っていました。このように毎日、心の安定もなく、ただ役目だから、と自分にいいきかせては痛む足をひきずるように歩いていました。こんな私達の姿を見て、マハー・パジャパティー様はいつもはれやかなお顔で、もう少しで着きますよ、とはげまして下さいました。そのたびに何のためにこんな苦労をしなければいけないのか、と不満を持つ心をとり直してまた旅を続けました。

カピラ城を出て四十日余もかかってビンビサラーにやっと着きました。あと少しでゴーダマ様のおられるヴェルヴェナーの館です。私達は長旅から少しでも早く解放されたい気持で自然と足が早くなり、夕方近くになり、やっと目的地に着く事が出来ました。しかしヴェルヴェナーの館は三十坪位の小さな家で戸はぴったり閉ざされ静まりかえっていました。戸が閉まっていることに不安を感じながら声をかけましたが、人の気配がしません。何度も声をかけ、やっと出て来た人は、

「あなた方はカピラの城から来られた方ですか、カピラから来られた方なら今すぐにカピラ城へおもどり下さい。ここは女性の来るところではありません」

といわれたのです。私達はここまで来れば、当然歓迎してもらえるものだと思っていましたので、このようなつめたい言葉に呆然となりました。

「やっとの思いでお母様がゴーダマ様のもとへ来られたのです。一目でもお会い下さい」

とたのみましたが、その人は、

「カピラ城にお帰り下さい」

とくり返すだけでした。私達はここにゴーダマ様が必ずおられると思っていましたので、

「ゴーダマ様はたしかにここにおられるはず、お母様も大へんお疲れでございます。一目でもお会い下さいますようにお伝え下さい」

と何度もたのみました。すると、その人はしばらくだまっていましたが、

「お気の毒ですが、ゴーダマ様は、みな様が来られたらここは女性の来るところではないから、すぐにカピラ城に戻るように伝えて下さい、とことづけを残してみな様がこられる少し前、シラバスティーに旅立たれました」

との返事にびっくりしました。何とひどい冷酷な人なのだろう、長い間苦労の末にたどりついた道を又帰れとは、親に対して何と恩知らずで心のつめたい人間だろう、こんな人のところへ来るのではなかった、と心の底から憎しみを感じると同時に体中の力がぬけ、地面にへたへたと坐りこんでしまいました。今まで張りつめていた気持もくずれ、

ゴーダマ様への怒りだけが心の中一杯に広がり、みんな、しばらくは放心したように地べたに坐っていました。

マハー・パジャパティー様はみんなが口々にゴーダマ様をひどい人、冷たい人、親不幸と勝手にいうのを静かに聞いておられましたが、しばらくして落ち着きをとりもどした私達に、

「私はこれからシラバスティーにまいりたいのですが、どなたか付いて来て下さいますか」

といわれ、私達は又驚き、呆れて一瞬声が出ませんでした。マハー・パジャパティー様にシラバスティーまで行きたいといわれれば付いて行くより仕方ありません。又つらい旅を続ける事になりました。シラバスティーまで行っても、ゴーダマ様はどこか別の地に行かれてお会いになって下さらないかも知れない。そうしたらどうしようと考え始めると気が重くなるばかりでした。義務のため、ゴーダマ様の心ない行為のため、こんなつらい旅を続けさせられているとうらみ、憎む心を持って旅を続けました。長い旅の間、病いにたおれる者もありましたが、お互いに助け合いながら、シラバスティーまで、

シラバスティーまでと自分自身にいい聞かせながらようやく歩きました。カピラ城を出る時持っていた食べ物もすっかり底をつき、木の実や野生の山芋などで飢えをしのぎました。皆にはつらいと思う毎日でしたが、私達よりはるか年上のマハー・パジャパティー様だけはいつもお元気でいらっしゃいました。

旅の途中災害で一度に両親、身寄り全部を失って放浪している孤児に会いました。マハー・パジャパティー様が、

「かわいそうに一緒に旅をしましょう」

と声をかけると、喜んでついてまいりました。災害のショックで過去を忘れた少女はみんなからティカラーと呼ばれ、可愛がられました。又少女もみんなに少しでも喜ばれたいと一所懸命に仕事を手伝ってくれました。長い旅の疲れからほとんどの者は病気の状態でした。病気にならない者は心はいらいらとし、笑うことをすっかり忘れていました。一行に加わったひとりの少女によって、私達は少しずつ心の余裕を見出すことが出来、勇気づけられました。

ビンビサラーを出て六十日以上もたち、やっとシラバスティーのジェルタバナーに着

きました。明るい太陽のもと、ゴーダマ様はじめ多くの人々に迎えられました。ゴーダマ様は、

「みなさん長い旅をよくここまで来て下さいました。どうぞ、ここで体を休めて下さい」

といわれ、お母様をだきかかえるようにして家の中に入られました。すぐに病いの重い人から順に手当てをして下さいました。重病人は家の中、軽い人は外の木陰へとそれぞれ休ませていただきました。

私達は長い旅の間助け合う心を知り、こうして、ゴーダマ様が身分の別なく、みんなにひとりの人間としてやさしく接して下さる姿を見て、素直な気持になっていました。旅の間中持ち続けていたゴーダマ様への憎しみの気持は、いつのまにか心から消えていました。それは丁度(ちょうど)重い荷物を肩からおろした時のように軽く、肉体は疲れはてていましたが、心はさわやかになっていました。カピラ城の中にいました時は、きびしい身分制度にしばられ、心の自由をなくし、人間はみな平等であるという事はとうてい理解出来ませんでしたが、長い苦しい旅の間にみんなで助け合う心が芽ばえ、おぼろげながらわかったような気がしていました。

ゴーダマ様は、心というものは自分で支配し、自分の意志で動かすものです、と申され、更に心は何でも思う事も出来るし、考える事も出来ます。しかし正しく物事を判断出来る時は心に安らぎがありますが、人を憎み、妬み、怒りの心を持つ時は、安らぎがなく心がいらだち、恨む心が大きければ大きい程心の病に侵されついに体も病気に通じてしまうといわれました。この話を聞いて、ゴーダマ様から光をいただき、すぐに病気が直った者もおります。私も自分の体験を通じて心から納得ができ、すべてお話の通り心の置き方がどんなに大切であるかを知りました。

カピラ城から参った多くの人と一緒に私も感激し、お弟子のひとりとして加えていただきました。

N・T子さんの転生輪廻(2)　四六―八―二八　岩手にて

私は全く宗教的な遍歴はございません。三年程前のお正月に初めて高橋信次先生と御縁ができまして、この正道を得たのでございます。しかし最初三ヵ月位は余り信じておりませんでした。何回かお話を聞いているうちに、自分にも守護霊がいるのかしら、本当にいるのならば、何かの形で証明してほしいと、心を調和しました。すると、手先に電気が触れたようにビリビリという感じがして、私はびっくりしてしまいました。先生のお話や現象に余りに強い印象を受けた結果によるものか、自己催眠かしらと、いろいろ疑問が起こりました。

そのうちにいろいろ現象が起こり始めまして、その年の五月に霊道が開け、自分の過去世を自分で知ることが出来ました。

それは先生のおっしゃっていることが真実だという証拠であると思います。

それでは私の指導をして下さっているフリティー様の意識と替わりましてお話をしてみたいと思います。

……………原語省略、以下同……………

今私がお話致しましたこの言葉は、今から約二千年程前にエジプトにおいて使われていた言葉でございます。私はその当時男性として肉体を持ち、隊商達から税金を取立てるような仕事を持っていた者でございます。そしてある時、商用で出掛けた時に、ナザレの丘において、イエス・キリスト様の教えに触れ、キリスト教に帰依し、生涯をその布教活動に捧げたのでございます。

人間の生命は肉体が滅びても、その霊魂は永遠に不滅であることを実証する為に、私達実在界が協力し、多くの方々の霊道を開き、過去世は永い年月何回もあの世とこの世を転生輪廻して、心の修行をしているということを証明する使命を持って、私はこの女性の指導霊をつとめている者でございます。

では唯今よりこの女性の過去世の意識と交替し、人々がどのようにしてこの地上界においてて生命の流転をしていたかということを実証してみましょう。では意識の交替を致します。


……………………………………………………


私はフォーフェロワウと申す男性でございます。今から約一万二千程前アトランティス大陸において生命を持ち、あらゆる環境の良い所を求めて歩いた者でございます。そして又転生輪廻して現在の南米のアンデス山脈の近くで肉体を持ち、名前をセンツェーラ・アル・カントーラと申す男性でございました。

その当時の信仰は、太陽信仰でございました。そしてクラウド様と言われる王様の下で、私は配膳係として勤めた者でございます。

　又その後転生輪廻して、今から約二千五百年程前に、印度において男性として肉体を持ち、ワーリヤスタディーと申しました。

　私はガヤ山という所に籠って肉体修行をした者でございます。私達は山中において、動物の危険から自分達の身を護るために沢山の火を燃やし、その火の回りで肉体行を致しました為に、人々は私達の教えを拝火教と呼びましたが、これは決して火を拝んだのではございません。あらゆる宇宙のものを動かしている神があると、私達は信じておりました。そして悟る為には難行苦行して、自我を滅却することにあると信じ、修行したのでございます。

　そうした所へゴーダマ・シッタルダー様がお見えになり、私達大勢の修行者達といろいろと生老病死について話され、その後で質問もされましたが、私達は誰一人答えることが出来なかったのでございます。ゴーダマ様は、私共のところに三日程おられ、その後又ご自分の疑問を解く為に他の場所にお出になりました。私達は、あの方は将来立派に悟り、多くの人達を救うお方であると話し合い、あの方が悟った時には、みんなあの方から教えを戴こうと思っておりました。しかし、私は老齢の為に、その期を待たずにこの世を去りました。

そののち、一世紀に私はシリア砂漠のオアシスで、女性として肉体を持ちました。その名をセテリアと申しました。私の生まれました環境は、砂漠のオアシスで、多くの隊商達が近寄って積み替えをしたり、交換をしたり、大変多くの人々が出入りしておりました。

そうした所へ、ペテロ様が多くのお弟子様を連れられてキリスト教の伝道に参られ、私達はその時キリスト教に帰依し、その中の一人オタオとフリティー様の仲立ちによって結婚した者でございます。そして私は夫と共に人々に一夫一妻が神理であるということを伝えて歩きましたが、私達が歩いた環境は、女性がいわば労働力の一つであり、あくまでも品物のような存在であった為に、なかなか私達の呼びかけに対して人々は耳を傾けることがなく、布教活動は大変な苦労が伴いました。

その後、五世紀にチベットで男性として肉体を持ち、名前をタタクリと申しました。

私はチベットの貧農の生まれで、七歳の時にお寺に奉公に上り、その後剃髪して、僧侶となった者でございます。その頃のチベットは、中国から仏教を学ぶ為に、印度に来られる方が多く、又印度から中国に仏教を伝える方々も往来するような場所で、私はその方々から、中国の天台山に智顗様と申される大変な高僧がおられることを教えられ、教えを乞う為に、はるばると天台山に参り、入山させていただいた者でございます。そして法華経を学んだ者でございます。

又八世紀には、同じく中国に男性として生まれ、名前をトワンティン・ホワンティンと申しました。私は地方官吏の家に生まれ、自分の父親と同じように、官吏になることを夢見て、小さい時からそのようなことを一心に学びました。儒学とか、詩歌管絃の類から作法等ただ一心に学んだのでございますが、当時は皆、官吏になる為に沢山の方が勉強をしておりました。人を押しのけても、どんな手段を使っても官吏になることをみんなが望んだのでございます。それが男性の最高の出世の道であったからでございます。私はある日無常を感じ、一切を捨てて、タタクリと同じように天台山に入山し、天台経ならびに法華経を学んだ者でございます。その当時の経文の一部をご披露させていただきます。

天台教の中に、声聞という言葉がございます。これは声を出しますが、声聞を唱える声を聞くということではなく、声聞の内容、つまり釈迦の教えを聞き、よく心に留めるということなのでございます。

そしてみな仏の子として声を聞く中で、声の波動に乗って実在の世界に行く姿、そして同じ教えを聞く者達で声を和し、心を和して唱えることを声明と申しました。

そして又私は転生輪廻して現在の北ベトナムで男性として肉体を持ち、その名をオンディンガンと申しました。

私は北ベトナムの海の近くでお米の集荷所をしている家庭で生まれた者でございます。私の家は大変に盛大な商売をしており、沢山のタンミンといわれる苦力を使っておりました。

私は二十歳の頃、そのタンミンの生活と私達家族の優雅な生活との差の激しさに何か矛盾を感じ、家出をしてしまいました。そして苦力の仲間に入り、一所懸命に働き、後に大きな船に乗って東支那海の方で貿易の仕事に携わり、その時に観音力という教えに触れ、私はその教えを故郷の人々に伝えたいと四十三歳の時、自分の生まれた家に戻り、一所懸命に働き、そして晩年に家督を異母兄弟に譲り、海の近くにお堂を建て、そこで人々に集まっていただいて、ワンティンクンと申されるお坊さんから観音力のお話を聞き、私はそこの堂守を致しました。

そしてお堂の回りに火を焚いて船の航海の安全を祈願致しました。その時の観音経の一部を唱えさせていただきます。

……………………………………………

このように、皆様も同じように自分が望んであらゆる国々を転生輪廻した記憶は、それぞれの心の中に記憶されております。決して肉体行をしたり、又何時間も経文を唱えた結果、このような現象がこの女性に起こったわけではないのでございます。

この教えを心に留めて実践することにより、皆様も自分自身で生命が流転していることを確証されることと思います。

正法の一つである現象をこれにて終わらせていただきます。

I・M子さんの転生輪廻　四六―八―七　出流山満願寺研修会にて

私は足かけ四年前の二月に、先生の愛と慈悲によりお光をいただき、お会いしたその瞬間から霊視が出来るようになりました。本来なれば八正道に基づいた生活をした中から悟っていかなければならないのでしょうけれども、私はやはり今にして思えば使命があって、そのように霊視が出来るようにさせて戴いたのだと思っております。その自覚はやはり去年の十月に過去世の方とのお話が出来るようになりまして、始めて私には使命があるという自覚が生まれたのでございます。やはりH先生が今までおっしゃったように、八正道に基づいた生活をしていないで、一切の諸現象に振りまわされてしまって、正しく見る、正しく思う、そして正しい道に精進しなくてはならないのに、勇気がなかったのでございます。

去年の十月二日に過去世の方とのお話が出来るようになりまして、正しい使命感という自覚が生まれました時に、自分はいかに勇気がなかったかということを、改めていま反省させていただきました。そして昨日からいろんな現象を見、先生はなんと大きな慈悲と愛の心を待っているのかとつくづく思いました。現象を見せられるということは、私達は凡人俗人でございますので、実にこわいのです。恐怖心が先に立って逃げ出したいのです。

実は昨日の研修会の後でいろんな方が肩を叩いたり、握手したりするわけですね。動物霊とか、地獄霊とか、いろんな人が入れ替り立ち替わり来たので、肩から首にかけて凝ってしまってしかたがなかったのです。午前中もそうだったのですけれども、昨晩すっかり会が終わって、寝床に入りまして、電気を消した直後に、ものすごい波動が一度に襲いかかって来ました。どうしたことかと思いまして、禅定をしなおし守護霊、指導霊の方にお願いしました。

又姪の指導霊が阿閦如来なので、阿閦如来様（ババリーさん）にお手伝いしていただいて払いましたのですが、丁度一時半頃にミリッという音と一緒に、次から次と五人のお坊さんが現われたのです。

私はお坊さんがいらして何だろうと思っておりましたが、自分は横になって眠っていない状態なんですね。そのお坊さんがまだ五人いる所に、こちらの天井から大きな竜が私の方に向かって下がって来るわけなんです。これは大変だと思っているうちに、竜に体を縛られてしまったのです。〝我が当体に光〟なんて言うひまがないうちに巻かれてしまったのです。そして息が出来ない時に姪自身はまだ自覚しないのですけれど、すっと立って、ババリーさんが払って下さったので、ばらっと取れたのです。

そして動物霊は消えたのですけれども、まだお坊さんが五人おられるわけですね。それからおこがましいのですけれども、先生からいつも伺っている転生輪廻を思い出し、次のようにいいました。

「あなたは法を説く身でありながら、どうしてこの現世に未練を持ってこのように出て来られるのですか。もうあなた達は肉体というものはないのですから、あの世に行っておられるのですから、この世に未練を残さないで、どうぞお帰り下さい。私なぞまだ法の字も解からない者のところに頼って来ないで下さい」。これはちょっと自己逃避なんですけれど、そう言ってこの方達に「光をお与え下さい。心の安らぎをお与え下さい。諸如来、諸菩薩、どうぞこの方達に光をお与え下さい。お救い下さい」とお祈りをしましたら、すうと一人ずつ後にさがって消えて行ったのです。そしてとうとう朝まで一睡もすることが出来ませんでした。

夜もしらじらと明けかかる頃によからぬものが又来まして、その時はもう払いました。目をつむっていると、シャレコウベが出て来て、目のない孔から蛇がちょろちょろ出たり入ったりしているのです。そして今朝先生にこの話をお伺いしましたら、私達の寝ている所がお墓だったそうです。ですからそういうものを先生は、いつも愛と慈悲の心で取り除いて下さるのですね。私達凡人では、ほっぽり出して逃げ出したいのです。

こういう霊域の悪い所から逃げ出したいのです。

ですから使命感というか、自覚とか意気込んでいるうちは、駄目なのかもしれませんね。自然にそういうものが出て来るようになれば先生の爪の垢でも煎じて飲んだくらいの所に行けると思うのですが、つくづく今朝は反省させられました。改めて自分自身の至らなさを痛感しました。感激の余り、大粒の涙を禅定の時私は流しました。

そして今日は禅定の時、おかげ様で先生に「菩薩界まで行けたね、Iさん」と言っていただいて、本当に胸のつまるように嬉しい思いをしました。そして天台様がお姿を見せて私にお辞儀をして下さったのです。

どうして天台様と解かったかと申しますと、金色のどんすのような生地で、長靴のような形をした、先がちょっと曲がった靴を履いておられるのです。まずその靴で日本の方ではないなと思いまして、上の方を見ますと、黒い衣なのですけれど、裾の方がスカートのようになっているのですね。袈裟は日本のお坊さんが着ているような短い袈裟ではなくて、途中で結んでたっぷり裾までさがって、こういう赤とか金襴とか、紺とかいろんなきれいな色の布をはぎ合わせたような袈裟を着けていらっしゃるのです。そして静かに立って私の方に合掌して、お辞儀をして下さったのです。

実にありがたいと思って、私も一所懸命お辞儀をして、どうぞこの広い大宇宙の美しい空と同じように、私の心も大宇宙の中に溶け込めるように、と一所懸命にそのような心で禅定を致しました。そしてH・Y子先生のおっしゃったように、明るい緑の山、そしてこういう屋根の反り返った、柱が赤い建物が天台山であると後で聞かされました。だから天台様が挨拶をして下さったのだと解かって、本当に嬉しかったのです。

ですから皆様方も、一日も早く八正道に基づいた正しい生活をなさると、こういう境地に入れます。年中そういう境地に行けない私は、時々魔の生活に落ち込むので、あがいてどうしようもない時がありますけれども、おかげ様で霊道が開いてからは、そういう所に落ち込んでも、三日くらいで今は立ち直ることが出来るようになりました。皆様もそういう境地になれるのですから、自信を持って、正しく精進していただきたいと思います。

続いて私の転生輪廻の過去世のお話をさせていただきます。

「私は今から約二千五百年前、印度に生まれた女性で、名をティカラーと申します。私は八歳の時に両親や兄妹達に死に別れ、浮浪児のような生活をしながらバラナシーの近くまで、流れ流れて参りました。その間一年半というものは、こういう生活をして参りましたが、マハー・パジャパティー様が、一門を挙げて仏門に帰依される為に、長い行列をつくってその町をお通りになった時に、私を認められ、助けていただいたのでございます。マハー・パジャパティー様に親身も及ばぬお世話になり、お釈迦様の所に連れてゆかれ、十四歳の時に比丘尼になったのでございます。そして十五、六歳の頃には、正法を説く為に、鉦や太鼓を叩いて村々の辻に立って、教えを乞う方達を集めたのでございます。今この者がお釈迦様の神理に触れ、心から感激に震えております」（涙で顔

が濡れる）

ティカラーが入ると自分は泣くつもりはないのですが、どうしてもその時になると、余りにもみじめな生活の中からマハー・パジャパティー様に救われて、何しろちいさかったので、いかにひどい生活をしたかということが、その苦しみの波動が伝わって来るのです。どうしても泣くまいと思っても涙が出て来るのです。

当時の印度は、女性も九歳くらいから労働力の一つで、九歳から十歳でもう結婚して子供を生んでいたのです。女というものは憐れなものです。私の様に浮浪児みたいにしていると奴隷に売られてしまうのですね。男の人のおもちゃになってしまうので、お釈迦様が比丘尼にして下さったのです。ですから感謝の気持が、ものすごく伝わって来るのです。私は霊道を開く前は、どちらかというと驕慢な所があって、男の方から見ると生意気に見られていたのです。虚栄心が強かったのです。霊道が開いてティカラーさんが口を利くようになってからは、謙譲な感謝の心、足ることを知る、ということを知らされました。

それからのちは、心に安らぎをおぼえ、感謝の日々を送っております。

あとがき

『心の発見』も、神理篇、科学篇につづいて現証篇の三篇を、世に問うことが出来て、こんなうれしいことはない。

人生問題に関しては、いろいろな本もあろう。

しかし、私は現世の三次元的な面から見た人間性ではなく、高次元的な世界を通して、自分で体験しつつある人生の諸問題、特に、生と死の苦楽、人生の目的と使命について、そしていかに人生を送るべきか、更に死後の世界について転生の秘密を書いてみた。

読者が、私の体験記を通して、不変的な生命即ち魂の尊厳性を悟り、価値ある人生を送ることが出来るならば、望外のよろこびである。

そして、正しい心の物差しを持って、思うこと、行なうことについて、読者が本書を友として実践したならば、恐らく私と同じ体験をするだろう。またそうなることを祈ります。

一九七三年四月一日

高橋信次

心の発見　現証篇

昭和46年1月15日 第1版 第1刷発行

新装改訂版
平成27年6月5日 第2版 第1刷発行

著　者　　高橋信次
発行者　　仲澤　敏
発行所　　三宝出版株式会社
〒111-0034 東京都台東区雷門 2-3-10
TEL.03-5828-0600（代）　FAX.03-5828-0607
http://www.sampoh.co.jp/
ISBN978－4－87928－101－2
印刷所　　株式会社アクティブ

写　真　　岩村秀郷
装　丁　　今井宏明